名师系列

中学语文读写结合论

ZHONGXUE YUWEN DUXIE JIEHELUN

徐 慧 著

黄河出版传媒集团
阳光出版社

图书在版编目（CIP）数据

中学语文读写结合论 / 徐慧著. —— 银川：阳光出

版社，2024.8. —— ISBN 978-7-5525-7479-1

Ⅰ. G634.303

中国国家版本馆CIP数据核字第20242UF320号

中学语文读写结合论   徐 慧 著

责任编辑　林　薇
封面设计　石　磊
责任印制　岳建宁

黄河出版传媒集团　出版发行
阳 光 出 版 社

出 版 人　薛文斌
地　　址　宁夏银川市北京东路139号出版大厦（750001）
网　　址　http：//ssp.yrpubm.com
网上书店　http：//shop129132959.taobao.com
电子信箱　yangguangchubanshe@163.com
邮购电话　0951-5047283
经　　销　全国新华书店
印刷装订　宁夏凤鸣彩印广告有限公司
印刷委托书号　（宁）0030622

开　　本　710 mm×1000 mm　1/16
印　　张　14.5
字　　数　200千字
版　　次　2024年8月第1版
印　　次　2024年8月第1次印刷
书　　号　ISBN 978-7-5525-7479-1
定　　价　56.00元

目　录

第一章　初中语文课堂读写结合教学研究

第一节　读写结合教学模式理论研究

一、读写结合的国内外研究概况

（一）国内研究概况

明朝诗人林鸿曾在诗作《饮酒》中写道："一语不能践，万卷徒空虚。"践，意为实践，意思是：倘若一句话都不能付诸实践，那么纵使读了万卷诗书也是毫无用处的。主要说的就是读书之后，应该把读到的知识转化成实用，不然读书就没有什么作用了。清代学者崔学古所著的《学海津梁》是我国古代语文教育论著，对作文教学提出了很好的主张，如"以写促读"。

1924年，汉语言文字学家、教育家黎锦熙曾提出"作文与读法教学联络"的思想。可以认为这是使用"读写结合"概念的开端。1915年到1949年是读写结合教学初步研究的一段时期。1915年，中国现代语文教育的先驱姚铭恩谈到了阅读和写作的关系，他指出："读法与作法有密切之关系。形式上有吸收文字、文章之力。内容上有启迪思想感情之能。文字文章、思想感情之两者，乃作文之要素也。"他在如何教学上说明了阅读方法与写作方法的关系，又阐述了阅读对写作从形式到内容上的影响，为研究阅读与写作之间的关系开辟了新的道路。

新中国成立后，读写结合的教学进入初步试验阶段。1954年，北京第三女子中学曾进行过读写结合试验。当时的做法有：对语文课文进行改写、扩写或缩写，与课文相结合，提高学生的写作能力；围绕课文内容，设计相应的作文题目。尽管他们的经验是初步的，但却是新中国成立后较早公开发表的。此种试验的教学方法就是仿照课文、围绕范文进行写作上的训练，使读与写密切地结合。

叶圣陶认为："阅读的基本训练不行，写作能力是不会提高的。实际上写作基于阅读。老师教得好，学生读得好，才写得好。"他指出："阅读是'吸收'的事情，从阅读我们可以获取他人的经验，分享他人的感悟与心情；写作是'表达'的事情，从写作中我们可以发表自己的看法，吐露我们的心情。"胡适也提出过读写教学观，阅读教学不仅可以扩展学生的知识面，也对写作教学有着重要的影响。20世纪初，胡适作为语文教育改革的领军人物，探索出了一条新的开放语文读写教育的道路，在当时取得了良好的效果。胡适的读写结合教学观是以学生为主体、教师为主导的，首先强调的是学生的自我学习能力，提高学生的自学能力来代替教师的教授。他更强调学生的学习要与实际生活有所联系，创设开放、灵活的课堂，来激发学生的个性。

鲁迅先生说过，"一条暗胡同，一任你自己去摸索"，而且要经过"年深月久之后"，找出一定的方法来，再利用已找到的方法，去增强解决问题的效率。读写问题也是如此。读写的学习过程中，学生从感知语言到掌握语言，从记忆语言的规律到运用其规律，会经过属于自己的"一条暗胡同"。大部分人之所以没有摸索到其中的规律，是在学习的方法上出了问题，对于读与写，光靠死记硬背是远远不够的。

丁有宽老师在其著作《小学语文读写结合法》中提到读写结合理论化，书中具体说明了阅读与写作的关系。他论述读写是否能同步，主要依据了三个方面。其一，从历史渊源和内在发展来看，阅读与写作是同时产生、同步发展的。从古到今，语言是我们人类最重要的社会交际工具，我们的语言与思想，两者是同时产生的。只有两者同步产生与发展，才形成了听者与读者，构成了"交流"。阅读与写作，运用的是同一系列的心理过程。其二，从理论与实际的角度来看，读写结合有着深厚并强大的理论基础。阅读是写作的前提，读为写服务，两者彼此作用。阅读和写作是语文学科教学两个重要的组成部分，读写结合的方法也可以将读与写互相迁移，因为两者之间有其共同的因素存在，有利于读写结合。其三，从教学实践看，读写结合、读写同步符合学生心理特点与发展水平。学生从小学时期起，有了一定的语言文字的积累，可以完成自己的表达，也有想表达自己观点的想法。在教学中，我们要根据这一心理特点引导学生，利用读写结合，提高学生读写水平。

丁有宽老师教学经验方法的好处，就是没有过多的死记硬背，也没有让学生过多地读写等类似于语文传统的教学，更没有让学生自己在"暗胡同"里自己探索。他的教学方法是将语言规律有计划、有逻辑、有目标地教授给学生。正如他所讲："我把这来自课文的五十法，作为帮助学生学习范文，了解作者如何叙事、状物、写人、表达思想感情和篇章结构的一把钥匙，同时作为学生练习作文的借鉴。"丁有宽老师认为语言规律的指导作用极其重要，它不仅能为教学提供理论指导，还能为语文学科的知识提供理论基础，是语文教学走向科学化与理论化的途径之一。

（二）国外读写结合的概况

在国外，读写结合也非常受关注。"5R"笔记法，包括"记录"（Record）、"简化"（Reduce）、"背诵"（Recite）、"思考"（Reflect）、"复习"（Review）。"5R"笔记法，从实践方面，较为详细地介绍了"笔记"是什么。在读写相关联方面，国外的读写结合在有些层面上互相交互，在有些层面上又互相独立。"读"与"写"互相迁移两者的共享资源，读的方面有具体的相关知识，写的方面也有具体的相关知识。它们可以在总和不变的基础上，互相吸取自己所需要的知识。

倪文锦老师认为，法国现代语文教学的文化经历了两个阶段：20世纪中叶以前是先读后写，即写作教学成为语文教学的主要成果；20世纪50年代后，法国的写作教学开始强调"表达"，将读、听和说联系起来。前者与我国的写作教学观颇为相似，也可以称之为传统的仿创性写作；后者则体现了国外新的写作观念，即主要通过写作进行学习，学习新知识，是基于创造的模仿。国外母语写作教学的知识结构或知识内容，也同样证明阅读极为重要。美国语文教材中每一课都有一个"聚集点"，这个"聚集点"往往是所选文章最突出的一个写作技巧，比如《葛底斯堡演说》这种体裁的文章，编者把"措辞"作为阅读的重点和写作技巧学习的重点。"阅读重点"侧重于阐述概念性的写作知识，而"写作技巧重点"侧重于对例子示范作具体的形象展示说明。这两个部分清晰地说明了学习要有针对性，明确读写结合的重点内容是什么。在训练中，还有写作步骤、写作细节、写作情境的设计，等等。这种知识既有陈述性又有程序性，实践起来具有一定的难度，以专业知识为基础，正确引导读写结合的训练。

（三）中外读写结合研究的不同取向

与国外相比，我们国家的读写结合教学也强调以学生为本，并且不"为难"学生，但确实也在具体的实践操作上有着明显的区别。我们在命题上从学生的兴趣出发，尽力降低审题的难度。美国的有些写作的命题是有些"为难"学生的，学生想要完成一篇写作，要去准备的写作材料会涉及很多方面，如语言学、文化哲学、美国历史，等等，对学生来说，写作的挑战是很大的。两者对比，我们疏忽了对学生的教学改进，给学生提供了现成的写作搭建台阶，满足学生的学习需要，写作之前，进行了精细的阅读分析。而且，美国读写结合的平台十分广阔，在教材上让读写结合与生活相联系，学生可以进行社会研究、职业锻炼、艺术熏陶、科技学习来促进读写结合。通过写作训练设计，不仅可以加强读写训练的结合，也可以多元化地发展语文学习。

就中美读写结合理论的比较来说，中美两国读写结合的理论差异导致读写结合点呈现明显差异。首先，国内建立读写结合点偏向外显性因素，美国建立读写结合点则内外兼顾。中国主要结合点是语言、思想内容、写作方法与技巧、思路。如丁有宽老师建立的读写结合点包括：题目（解题、审题和拟题）、主旨（归纳中心与表现中心）、段落与提纲（分段与拟写提纲）、详略（主次与详略安排）、中心（捕捉重点段与突出中心）、品评与修改、观察，这些结合点大多属于外显活动。而美国除了类似的外显要素外，还包括读写的意图、兴趣、心理表象和意义表征、记忆提取、反应、评价、监控等认知活动因素。其次，美国的读写结合点的建立比中国的更加系统。在相同的基础上，中美两国都从读写活动要素角度建立读写结合点。美国建立的结合点包括：语用学知识、语法学知识、读写程序性知识和百科知识，结合的知识点非常系统。中国很少有人在这方面提出过系统性研究。读的形态就是对文章的理解、解释、点评、创造等，这也是"读"的认知过程逐渐深入的过程，并且通过读来学习，使读写自然联系在一起。西方国家的"写"，大部分其实在指向"读"。

国外的仿写多被倡导是基于创造的仿写，但最近这几年受到了越来越多的冷落。因此，国外的写作，许多是由写作进入阅读的学习。其实，读与写同等的重要，它们都可以是学习的手段，也可以彼此作用。

（四）初中语文教学中读写结合的内涵

在初中的语文教材中，读写结合是比较重要的编写思想。每单元所选课文阅读都有一个共同的地方，例如围绕的情感、话题或者文体的不同，等等，并且其单元的写作训练总是对应本单元所学的阅读来设计的。根据新教材的编写，有效地将阅读与写作安排成一个整体进行实时训练，促进了学生的读写结合的运用。

从初中语文教学的读写情况来看，大部分学生会独自运用其读写能力，加上教师的指导，效果还是不错的，但仍有一些学生在读写结合方面存在一些问题。初中语文教学中的读写结合学习中，阅读有着很重要的影响，它不仅能培养学生积累，也能帮助学生建构写作框架。因此，加强读写结合能力是现在初中语文教学当中必要的创新培养。初中语文阶段的读写结合教学，并不是简单地带领学生"照葫芦画瓢"，或者为了"画瓢"去找"葫芦"，初中语文教学中的读写结合是将学生的思考与实践联系在一起，达到学与用结合的效果。

我们平日读书总会感动，或者产生共鸣、联想。读写结合，读是一种吸收，写是一种表达，读是为写而服务的。在初中语文学习阶段，学会运用读写结合的能力，才能全面提高综合能力。

鲁迅先生说过，"文章应该怎样作，我说不出来，因为自己的作文，是由于多看和练习，此外并无心得和方法。"只有将读写结合点充分运用起来，才能真正发挥读写结合的教学效用。正所谓"教无定法"，我们要寻觅读与写的亲密结合点，让学生快乐地沉浸在语言中。我们不仅要让学生对课文内容作深入的理解，而且要在实践上提高学生语言文字运用的能力，让读写结合的方法在初中语文的教学中更加有效。我们要重视读中学写、写中用法。在初中语文教学中，不能将读与写分离，或者浮于表面，要充分了解读写结合的必要性，进行科学的教学设计，从而实现学生综合素质的提高。

第二节　初中语文课堂读写结合理论依据

一、心理学理论

（一）阅读与写作的心理过程

通常来讲，阅读的心理是从内到外的意义吸收。它基本存在两种"回合"：

一种是从整体到部分、从部分到整体地去探究中心思想，弄清楚作者是如何选材、创作语句的；另一种是从形式到内容，从语言文字入手，由句到篇感受课文的中心思想。这两种"回合"是相反的，完成以上两种"回合"之后，才可以算是一次完整的阅读。阅读与写作是两种完全不同的心理过程。

写作是一个非常复杂的心理过程，它是由内向外的思想表达。从心理学上讲，写作是主体对刺激情境的一系列反应过程。写作的心理过程是学生在写作时大脑当中形成的写作路线。初中阶段学生的心理特征按年龄可分为三个时期：开放期、封闭期、断乳期。其中，开放期指的是初一到初二上半学期，学生在这个时期易产生强大的好奇心，对外界客观世界充满兴趣，自身有其开放性。封闭期，是初二下学期到初三上学期，学生变得好奇心减弱，有懒惰的倾向，积极性也大大减弱，学生内心处于封闭状态。断乳期，是初三下学期到未来的高中阶段，学生的身心发展日益稳定，逻辑逐渐成熟。写作的心理过程，属于语文学科特殊的心理过程，我们要提高学生语文写作的心理能力，促进学生语文能力和综合心理活动的发展。教师不能忽视学生的写作心理，而只关注学生所创作的作品。

学生的写作心理是与阅读心理截然不同的。首先，写作心理要先观察联想、立意选材，再设计写作结构，最后是修改、鉴赏。写作的心理过程需要思维的训练，使自己掌握写作的主动权。通过思维才能有逻辑地表达，教师应正确引导学生的写作心理。教师指导学生如何审题与读题、如何深刻地分析材料，并要求学生将写作的整个构思写在纸上，使学生对自己的写作思路更加清晰。再加上学生自己积累的素材与知识储存，将其有序地通过文字表达出来，这些都需要教师对其进行深入的训练。

（二）青少年的心理特点

1. 模仿性

青少年不仅善于模仿，而且由于年龄小，知识能力及经验匮乏，模仿成为青少年学习时心理上的需要。根据青少年的这一心理特点，可以利用范文引导学生，生动形象地将一篇范文讲解给学生，让实例告诉学生一篇作文该如何写和写什么。然后，学生才能进行仿写、创写、改写三种模式，也会出现仿中有创、创中有仿。范文的选用应该是学生理解范围内的，也要根据读写结合的训练目的而设定，才能达到良好的效果。

2. 表达欲

青少年在成长阶段有强烈的表达欲。在学校生活中，班级是一个单位、一个群体，群体生活进一步丰富了他们的学习经验，积累了一定的语言材料和写作素材，从而造就了他们的写作欲，也就是文字上的表达欲。读写结合训练可以借助青少年的这一心理特点有效地实施。

3. 阅读写作心理障碍

对于初中生而言，他们在七年级时对语文的学习热情还是非常高涨的，可随着学科的日益增多，到了九年级，很多学生在语文课堂上发言变少，产生学习语文的惰性。学生不爱去阅读和写作，认为阅读和写作比物理化学的知识还要难，再加上教师的引导不正确，更加重了中学生惧怕阅读和写作的心理。为了消除这种心理状态，我们最应该做的就是让学生在阅读和写作中找到自己的成就感，获得成功的体验。所以，我们要将读写相结合，采取边读边写的方法，使读写两部分相互迁移，调动学生的积极性，使学生对读写结合产生兴趣，从而提高阅读和写作的能力。

二、教育学理论

在许多科学理论中，教育学与语文教育的关系十分密切，语文学科的属性决定了它与教育学的关系。教育学的基本理论始终推动着语文教育的发展，从古至今，教育学理论给语文教育带来了非常重要的影响。

（一）教育学的基本内涵

教育学是研究教育现象和教育问题、揭示教育规律的科学。教育是一种社会现象，它随着社会的发展而发展。在不同的历史阶段中，教育具有共性，又具有不同的性质和特点。各门类的教育学发展迅猛，有斯宾塞的实证教育研究、杜威的"实用主义"教育、梅伊曼的"实验学教育"、布卢姆的"教育目标分类"、布鲁纳的"学科基本结构"、赞可夫的"最近发展区"、多尔的"后现代课程"，这些对语文教育都产生了影响。

（二）教育学对读写结合教学的作用

语文教育的目标、课程、评价等内容都要依据教育的基本原则确定，而不能违背教育规律。教育学基本理论，指导着语文教育的实践者以理性的精神来理解语文教育，以理论的视野来审视语文教育，自觉地应用教育学理论来指导自身的教育实践。教育学的完善，有助于语文学科教育的发展，它是语文学科教育发展的基础。通过教育学理论，采用科学的读写结合教学方法，如以读代写、读写结合等语文训练手段，才能提高读写能力。

三、建构主义教学理论

（一）建构主义的由来

作为一种认知理论，建构主义的兴起是20世纪80年代以来的事情，但很多人并不主张将建构主义看作一种全新的思想。建构主义最早的提出者可以追溯到瑞士心理学家皮亚杰。皮亚杰在儿童认知发展方面所做的研究具有明显的建构主义色彩。皮亚杰认为，儿童是在周围环境相互作用的过程中，通过"同化"与"顺应"两种形式，逐步建构起关于外部世界的知识，从而使自己认知结构得到发展的。它是现代西方的一股重要的思潮，影响着整个教育领域。

（二）建构主义教学理论的观点

1. 关注学习者先前的经验

建构主义者认为，学生并不是"脑袋里什么都没有"走进教室的。对生活的各个方面，他们都有着自己的看法，面对没有接触过的问题，他们也可以凭借自己之前的看法或者经验，可以对问题形成一个答案。教学也是如此，我们不能忽视学生先前的一些经验，要把它们作为已有经验或知识经验。教师也要学会观察，对于不同学生对不同问题的理解，要一一了解，再去寻找这些想法的来源，引领学生去丰富自己的想法，促进教学的效率。

2. 关注学生的未来发展

个体发展有两种水平，一种是现实发展水平，另一种是潜在发展水平。教学绝不能满足于学生当前已有水平，而应不停地把学生的智力从一个水平引导到另一个更高更新的水平，使学生保持发展，将潜在发展转化为现实发展。

3. 教师的作用

教师的使命便是由知识的传递者转换为学生的对话者、协作者，教师要有其应有的作用，应尽可能地创造有利的学习条件、环境，让学生自己主动发现问题，自己想办法解决问题。当学生不能解决问题时，也不能置之不理，更不能替学生全部解决，教师必须以某种方式去矫正学生，最后使学生自己也能矫正自身。也要注意勿以课本和教师自己作为是非对错的判断标准。在学生的建构主义观里，教师的作用越来越重要。

（三）建构主义教学理论对读写结合教学的影响

这种理论对语文学科的教学有着不可取代的作用，语文教学要致力于语文知识的传播，教师将自身已有的知识尽可能地传递给学生，有时传递到学生手里的并不是活跃的知识点而是死记硬背的语文知识，更是生硬地进行着读写结合，这样的教学会大大降低语文学习的效率，并不能达到语文学习的目标。

　　我们可以通过建构主义教学理论得知，知识不仅具有客观性、确定性，还有其主观性和不确定性，所以我们在初中语文的读写结合的教学中，也有着其主观性、客观性以及确定性和它的不确定性，要让学生在已有的读写结合知识水平上，自身去建构新的读写结合，不断地创新式学习对学生自身的发展是非常必要的。读写结合的方法由教师的传递向学生的自我建构转变，不断提高读写结合的能力，促进语文教学的发展。

四、建构主义学习理论对读写结合教学的重要启示

（一）教育者应注重教材中的课文资源

　　教育者应注重教材中的课文资源，以课文为例激发学生新认知。建构主义认为，知识并不是对现实存在的事物的准确表征，现在所说的知识仅仅是对事物的一种假设和解释。知识会随着社会发展、随着人们认知的扩大而不断发展，知识会随时随地被否定和替换，学生所学到的知识并不是真正的真理存在，而对知识的"接受"只是暂时的，并且必须靠学生自己的理解和体悟来建构获得，学生是以自身经验为前提来分析知识的合理性。因此，对于知识我们不是拿来就用，在语文教学中，教材只是作为一个范例，教育者需要以教材例文为例子让学生在课例学习的基础上构建起自己的思维体系来。就教学来说，在课堂上教师讲解其一类型，可适当让学生仿照例子当堂书写，根据当堂的学习来写出自己的感悟。比如《荷叶·母亲》这篇课文，作者冰心用饱含深情的笔触，描绘了雨打红莲、荷叶护红莲的场景，并由这一场景联想到了母亲对子女无微不至的呵护和儿女对母亲浓浓的依恋之情。其中涉及作文的知识点是"借物喻人"，作者冰心借景写人、借物喻人，赞扬了母爱的伟大，这篇文章自然贴切，在平实的景物中蕴含了作者绵绵的情意。那么教师就可以利用该课来训练学生的写作能力。教师可具体给学生讲解完课

文内容后自然过渡到写作知识的讲解上，如合理地利用借物喻人的表现手法，能够突出中心思想，增强文章的表现力和感染力。在运用"借物喻人"的表现手法突出人物性格或品质时，需要抓住所描写的"物"的特点，分析其本质特征，找到"物"与人的相似之处，细细描摹，表现人物的精神品质，在写的时候也要切忌主观生硬地将"物"与人建立联系。让学生趁热打铁，来仿照本篇课文的手法来仿写，写完之后教师可让学生展示并点评。如有学生写道："莲花，自古以来就是中国文人墨客笔下的圣洁之花。大部分花都是在阳春里绽放，均选择在众花丛中争相斗艳，而莲花却大不相同，莲花开在六月最热的季节，在水中静静地绽放，水下的淤泥越深她越是开得姿色不凡；她的根部在淤泥中紧紧地抓着，水下的环境越是污浊她开得越是清洁，她是最有品格、最不张扬却最美的花！生活在淤泥中却不被淤泥所污染，环境越复杂她反而越独立，出淤泥而不染，不与污泥同流合污。千百年来，我们中华民族也出了众多这样高洁的人物，他们不论身处一个什么样的环境，不论环境有多污浊，不管受到怎样的诱惑，从来都坚持自我，毫不动摇。他们就像这莲花一样洁身自爱。我们每一个人，不管处在什么样的境遇下，都应该具备莲花的秉性。"这样写来，学生不仅更好地理解了课文内容，同时写作能力也得以训练。

学生学习到的新知识并不是直接将其固化，而是对所学到的新知识进行分析和判断。除此之外，知识在一些情况下的应用其实并不是简单的套用，具体的情境有具体的特点，因此教师对学生知识的传授不可机械地讲解，不能一味地往外"倒"；对于学生而言也不可教条地接受，需要不断理解与内化，把握知识在具体情境下的一些变化。

（二）教师应营造轻松的课堂氛围

教师在课堂中应营造轻松的课堂氛围，促使学生有意义地学习，为学生的读与写提供非智力性的情景支持。学习并不是由教师简单地搬运给学生，不是由教师单单传递给学生，而是需要学生自己认知、自己理解与内化。学生是主动学习的主体，学生的学习必须是有意义的，而这里的"有意义"是建立在学生主动的基础上的。建构主义认为，"意义是学生通过以前所学的旧知识和现在所学的新知识两者相互磨合、相互作用与吸收的建构过程。"每一个学习者都在以自己原来所学的旧知识为基础对接收的新的知识进行编码。建构主义认为，新知识的学习是学习者个体在已有的背景经验的基础上建构起来的，然而这却取决于一定的情境。因此在具体的教学过程中，教师在教学时要优先考虑学习者学习环境的创设，为学生课堂练笔的训练创造一种课堂氛围，同时在课堂中积极地与学生展开交互式交流，随时点评随时引导。

（三）教育者应重视学生已有经验，多鼓励学生，注重诱导启发

教育者应重视学生已有经验，多鼓励学生，注重诱导启发。学生在学习知识之前，并不是对一些事物一无所知，在以前的学习生活中，他们已经积累了丰富的经验，有自己的认知，因此即使有一些问题学生之前完全没有接触过，但能依靠自己的认知能力对该问题作出解释。这些解释并不是无源之水、无根之木凭空而来，而是学生根据一定的学习生活经验而来的，是他们从经验背景出发推断出的合理假设。所以，教师一定要注重学生原有的经验进行教学，教师的教学并非单一地将知识传送给学生，而是要对所教的内容进行一定的研究和转化，教师应当把学生已有的经验作为重点，在此基础上进行教学活动。教师应时刻意识到学生是课堂的主体，应该给学生足够的空间和展示想法的机会。用在课堂上，就是需要将学生从课文中学到的知识加以整合重新呈现出来，学生仿写句子后教师应给学生展示的机会并当众点评。这样可以引导学生重新整合自己的理解，同时也丰富了学生的学习经验。一个班集体内有各种差异的学生，大家的背景经验不尽相同，难免对各个问题产生不同的理解和想法。在学生的共同体中，这些差异同时也会成为学生之

间的学习资源，教师的教学就是要促进学生之间的合作，让学生能从中获得不一样的理解。

第三节　初中语文课堂读写结合现状剖析

一、在读写结合教学中，存在三种"倾向性脱离"

（一）脱离历史背景，生硬地导入阅读内容教学

学生进入初中，学习语文不能不去了解相关的历史背景。目前初中语文知识的学习容量很大，考试范围杂而多，还有课外的古诗词、现代文学作品，等等，导致少量学生会把学习语文的重点锁定在相关阅读材料与写作训练上，教师在课堂上也是生硬地导入要学习的阅读内容，缺乏对历史背景这方面的教学。如果在学生未了解详细的历史背景之前进行生硬教学，那么学生学到的知识并不完整，也不完美。再或者，如果学生对教师所讲解课文的历史背景不是很清楚，会严重影响学生对一篇作品的看法。部分教师忙于阅读与写作的教学，易疏忽历史背景等知识的讲解。所以，学习和了解相应的历史背景，是学好阅读内容的前提，了解之后，才能对阅读中获得的启迪完整地理解，并运用到写作中。

（二）脱离生活，片面地强调创新能力发展

在长期的语文教学中，有些教师由于着重于学生的学习成绩，注意力大部分集中在语文学科的工具性，而容易忽视语文学科的人文性。在语文教学中，教师不仅要重视课内教学，也要重视与生活结合，关注生活、关注社会，让语文的读写与生活紧紧联系在一起。

陶行知先生曾说过"生活即教育"，将语文学习与生活相结合，是现代教育理论发展的必然要求。很多教材中的课文所反映的主题来源于生活，课文所反映的内容不可能是脱离生活而存在的，说明我们的语文教学应该是开

放的，不是封闭的，范围是无限扩大的，强调语文学科要与生活以及其他各个学科密切相联。汉语是我们的母语，无处不是学习汉语的良好环境，要提高学生的语文素养，就要学会从生活中发现资源，让学生结合生活自然而然地锻炼语文能力。

目前的初中学生，忙于各个学科的学习，不深入接触生活，所以创新能力欠缺，减弱了投入真情实感进行读与写的能力。

教师应让学生学会自觉地发现语文学习与生活的结合点，这样更能让学生走进课文作者的内心世界。也可以每天在语文课上抽出短短五分钟，由一位同学来朗读自己在生活中积累的语文材料，例如《感动中国》《见字如面》《朗读者》《中华诗词大会》的颁奖词，等等。和生活相关的引导学习还有很多，比如加强学生的"动口"能力。"书读百遍其义自见"，万万不可忽视了朗读，可以让学生演讲、辩论、口头作文、朗诵，鼓励学生多参加这些活动，语文素养就自然养成了。

（三）脱离整体感知，零散地拼凑读写教学知识

在我们平时的语文课堂中，教师的教学流程基本是固定的，由导入、作者介绍、课文分析、字词品味、文章中心思想几大部分组成。教师按照有序的教学步骤讲解各个部分的知识内容，有时由于时间的关系，容易忽略对整节课的内容进行整体的感知，所以也可能会导致学生学到的知识都是拼凑的部分。缺乏系统性、缺乏整体感知的课堂就像所讲内容缺了一条贯穿整节课的线索。

读写教学需要整体感知，不然教师所讲的内容可能会变得"支离破碎"，也会导致学生可能只知道教师在讲什么，而不知道教师所讲的理论知识是怎么得来的，容易造成一种"知其然而不知所以然"的状态。我们也不能全盘否定教师的教学，也有整体感知效果较好的课堂，而在今天新的课程改革背景下，要更加注重让学生学会对所学内容进行总结，加强整体感知的能力，

使读写教学更加系统化。

二、在读写结合学习中，学生缺乏正确的阅读方法

大部分学生是表示喜爱读的，但有时不知道如何掌握正确的阅读方法，阅读的效率也就可能变得事倍功半了。理解阅读的内容，一个是要理解文章所讲的内容和主要的思想内容，另一个是要理解文章的语言表达方式和技巧。不管是哪一种的理解，阅读都是学生与作品或作者之间的直接对话，教师在中间起中介传递的作用。如果学生缺乏正确的阅读方法，那么将直接影响到对阅读的理解，容易对文章内容上的分析存在误差。

不同的文体、题材有着不同的阅读方法，阅读方法本身也有很多种，教师应在阅读教学前指导学生正确的阅读方法。如果存在阅读基础比较差的学生，教师应带领学生在阅读的同时做好批注，将自己的阅读感悟或不明白的地方及时记录下来，这能让学生更深入地理解阅读。

三、在读写结合训练中，学生的积累与观察不足

在现实生活中，我们很多初中生缺少的恰恰是积累与观察，一谈起积累与观察，都是"没时间""没耐心""没方向"。"没时间"是在说学习科目增多，时间不够用，无形中就使语文的积累观察的时间减少。"没耐心"是由于每个学科作业都很多，任务重，语文学习提高见效又很慢，因此学生没有耐心去积累与观察。"没方向"是指积极提高语文学科的学习成绩，并且主动积累与观察，却不知道应该从哪方面下手，是先解决字词，还是背诵古诗，或者观察生活中的语文知识的存在，找不准积累与观察的方向。这些是学生缺乏积累与观察的状态及成因。

在读写结合的教学中，教师可能会由于学生数量多而忽视积累材料和观察生活方面的指导，这是一个重要原因。应该明确，在读写结合的教学中，

除了培养学生阅读与写作的基本知识，还应十分重视培养学生积累素材、观察事物、分析事物的能力。读写结合两个主要的基本功就是观察与积累。

当前初中生多数在日常生活中是愿意多看课外图书的，也表明很多学生还是善于积累的，但也存在少量学生"零积累"的情况，主要是没有养成良好的习惯与兴趣，导致了积累的不足。只有丰富的积累，才能做到"下笔如有神"，通过"读"的积累，才能达到"写"的升华。无论是课内还是课外，一篇课文、一个故事、一首古诗、一则新闻都是一次积累。然后教师在教学中也要注意将所积累的知识迁移延伸。例如，讲解一篇课文，也可以扩展一些作者其他的优秀作品，使学生获得一定的积累。积累语文读写方面的内容有很多小方法，我们可以做读书卡片，摘抄一些名人名言、好词好句好段、世界名著经典语段，等等，还可以在生活中寻找自己的写作灵感，把生活的点滴带进自己的写作中。

我们还要注重观察。学生平日的观察不是局限于事物的长度，就是局限于事物的宽度，缺乏同时去观察事物的长度与宽度的能力。如果做到了观察全面，对事物的理解才算完整。首先，观察要有一定的广度和深度，用真诚的心灵去感受生活，通过观察充实自己的生活。教师应鼓励学生从身边生活出发，让全身的感官都活跃起来，了解客观世界的事物，从而产生主观的感受，由这些感受引起思维、情感及想象等一系列的内心活动，再用语言文字来表达这些客观事物。

四、初中语文教学中读写结合存在问题的成因

（一）读写结合教学形式化

新课改实施以来，语文教学的读写结合成了一个热门话题。目前，随着新课标的不断发展，语文的读写结合教学形式化渐渐成为一个不容忽视的问题。"读"与"写"是一个互逆的过程，两者都是理解的过程。从初中读写结合的情况来看，少量的教师由于时间紧、任务重，匆忙地让学生进行读写，并没有深入地体验，让学生的学习浮于表面，少量的学生并不知道应该怎么去学习读写结合效率才会提高。面对读写结合教学的形式化，我们应该提高警惕，因为无论是读写结合的学习，还是其他知识的学习，教学都不应该过于形式化，学生的学习不够深入，会降低读写结合的教学效果。

（二）教师对正确的读写方法指导不够深入

读书的过程就像是一个人在吃东西时，咀嚼、消化、吸收的一个过程。古人云："虽有佳肴，弗食，不知其旨也。虽有至道，弗学，不知其善也。"一篇好的文章，必须有正确的、好的阅读方法，反复诵读，才能领会其中的意义，读得熟了，文章的语言才能变成我们自己的语言，才能让我们在写作中运用自如，这便是读写结合的正确方法。在大多数教师心中，"写"总是比"读"要更难，其实读写同等重要，而且有时只有读好，才能写好，读写必须结合起来。从访谈调查情况来看，还是有少数的教师缺乏正确的指导方法，没做到对于不同的学生，要有不同的指导方法。从访谈情况可以看出，大多数学生是知道应该如何阅读的，但也存在少量学生不知道如何去阅读一篇文章，更谈不上分析文章的语言了。这些都反映出少量学生缺乏正确的阅读方法指导，由于不知道怎么去读，所以也就不知道如何去写。以前有多数的教师与家长认为是学生对阅读的兴趣较低，从而造成写作困难，其实不然。从访谈中我们可以看出大部分学生是非常喜爱阅读的，并不是对阅读的兴趣较低，只是他们不知道怎么正确去读以及分析文章。学生希望得到教师的正确指导，可以改正自身的错误方法，但由于学生的数量较多，教师并不能逐一地进行指导，这样便会导致学生始终不能正确地使用读写结合方法，从而形成了一个恶性的循环。这样也使教师的教学效率大大降低，正确的读写结合方法无法有效地运用。

（三）学生的阅读量不够充足

学生在平日里的阅读量不够是观察与积累不足的重要原因。阅读量太少，更谈不上观察与积累。没有了观察与积累，语文的学习就如同我们在驾驶汽车的时候没有了足够的汽油一般。观察与积累的多少取决于阅读量的多少。对于初中学生来说，阅读的图书不能仅仅是在学校上课时的书本，还包括在课余的时间按自己的喜好去增加的阅读量。我们更应该倡导全民阅读，增加阅读的时间，熏陶我们的下一代，教师与家长应该给学生树立多读书的榜样。有了充足的阅读，才有可能在写作上"滔滔不绝"。让读写紧密地结合在一起。我们的阅读目标不一定是"腹有诗书气自华"，而是要对我们生活、世界上那些博大精深的文化有常识性的了解。作为中学生，只有利用充足的时间去阅读，才能在阅读中积累素材，有助于读写的学习与拓展。

（四）学生缺乏养成良好读写习惯的能力

养成良好习惯这件事，对于青少年阶段的学生来说，还不算太晚。学生学习效率的高低，取决于他们是否养成良好的学习习惯。教师与家长容易忽视对学生语文学习习惯的培养，如果养成了坏习惯，后果也是影响终生的。学生没有养成良好的读写习惯，阅读与写作的时间大大减少，慢慢阅读和写作的能力便会下降，导致理解能力也会下滑，更会导致学生产生懒惰心理。所以在初中的语文教学中，培养良好的读写习惯，有利于加强自身的语言表达能力，更有利于提高学生的语文素养。

初中生正处于青春期的初期阶段，我们不能让学生丰富的业余时间被一些无意义的电视节目、光怪陆离的网络世界所占据。我们要在生活中引导学生阅读，学生培养阅读习惯，激发学生阅读兴趣，使读书成为他们的一种需求。七年级（上）语文版的教材第一课，冰心奶奶就告诉了我们"读书好、好读书、读好书"这一简单而深刻的道理。更要开展阅读课外书的活动，学生利用业余时间阅读，教师组织每天课前三分钟课外读物读后感分享的小活动，也可推荐优秀作品让学生一起鉴赏，通过交流互动动脑思考，这样学生会变得更加享受阅读，也就自然而然地养成了动脑去读书的好习惯。

现在的少数中学生对写作训练是有些恐惧的，由恐惧写作最后就变成了排斥写作，主要的原因还是没有养成写作的良好习惯，平时应增加学生写作的练习。学生的听、说、读、写能力，并不是由教师讲出来的，而是由学生练出来的，离开了练，就谈不上培养学生动笔的习惯，通过练习，才能举一反三，才能以写促读。鼓励学生多动笔，让写作成为一种乐趣。培养读写习惯，只有多动脑、多动笔、多实践，才能达到理想的效果。培养良好的读写习惯，是学好语文学科的关键。

第四节　初中语文课堂读写结合的有效策略

一、以"读"为基础，从"读"中学"写"

（一）从炼字到斟字的积累

古代的诗文用字、用词都十分讲究，这对我们今天语文教学中的字词运用有着良好的示范。汉字从甲骨文算起，已经承载了四五千年的历史，是中华民族的文化瑰宝。

我们所说的"从炼字到斟字的积累"，也可以说"从炼词到斟词的积累"。在阅读的教学中，我们要有意识地去体会字词的妙处，来锻炼学生对语言的敏感度。例如，"冷"这个非常有生命力和表现力的汉字。通过字典查阅，"冷"字有以下几种释义：温度低（与"热"相对）、不热情（态度、性格）、不热闹、生僻（少见的）、不受欢迎的、乘人不备的，比喻消沉失落、轻蔑（看不起）等这些意思。这是字的释义，我们可以根据一个字的释义，来选择何时来运用它，这便是由"炼"字到"斟"字，读到字的意思，理解后再运用它来表达。再例如，有关于"冷"字的词语，有"冷色调""冷笑话""冷暴力""冷战"等，每个词语中都有"冷"字，但词语的含义都各不相同，我们可以从读词炼词后再去斟词。这样一点一滴的字词积累，既有助于我们语文素养的增强，也有助于读写的语言积累。更重要的便是让学生养成在写作时斟字酌词的严谨态度，从炼字到斟字、从炼词到斟词，我们用斟酌的态度，去积累字词，将读写有机地融合在一起。

（二）从句到篇的学习

首先，对于语文学科的学习，会有大量的文章、材料、文本等着我们去阅读，我们只有读懂，才能写好。那么，阅读便是从句到篇的阅读，必须紧紧地掌握文章、材料、文本的重点词语与中心句子，这样我们才能找到材料的主旨、明白材料的主要内容、把握作者的思想感情等人文性作用。但阅读绝对不只有这些功能，还应该包括学会遣词造句、谋篇布局等工具性作用。我们要充分发挥阅读材料的写作学习功能，通过阅读，从句到篇地学习，去透彻地理解每一句到每一篇，不仅提升了自身的阅读能力，也提升了自身的写作能力。

我们知道，句子是构成一篇文章的基本单位，在初中语文的学习过程中，只有去学习好文章的每一句话，才能做到从读中去学习写。从句到段、从段到篇的训练，不仅要练读，还要练写，涉及仿写、补写、扩写和修改句子等训练。让学生去了解基本的句子成分、语言形式和语言规律，划分句子的主、谓、宾、定、状、补等成分，掌握基本的主谓句，在大量的读写训练中潜移默化地对读写知识进行迁移。在初中语文的课堂中，教师可以多进行这种句子训练，让学生充分地理解句子，这样学生才能拓展更多的技能。从句到篇的学习，都是通过"读"来掌握理解文章的，可以通过学生的"读"，让学生记录下自己的读书笔记或者读书心得，重视加强学生边读边写、边听边思考的训练。

（三）从仿到创的扩展

目前初中阶段的学生，对于句子、段落、文章的模仿再创作，是他们语文学习的一个新的开始，关系到学生以后学习语文的兴趣和能力，我们不能不去重视，而且这种"模仿再创作"是将读与写紧密地联系在一起。在语文的学习中，通过阅读文本后，模仿再创作可以分为仿词、仿句、仿篇三种形式。它们这三种形式的基本含义是：仿词，就是仿照一个现有的词语，临时造出一个新的词语，更换词语中的某些词或词素，仿造出新的词语。词语形式可分为"AB、AAB、AABB、ABAB、ABCD"等等。仿句，是仿照某个固定形式的句子，仿拟其语气和句法结构，与原句既相似又有区别。仿句的特点主要有改换词语、改变句式、全句仿拟等，而且既要仿造出"理"，也要仿造出"情"。

例如，我们对下面的句子进行仿写。

"山间的清泉，你何必与遥远的大海比雄伟呢？你有你的执着。"

地上的小草，你何必与高高的大树比魁梧呢？你有你的坚强。

分析：通过仔细地阅读理解例句，并对例句进行分析，可以发现例句中运用了哪些手法或者修辞。在此例句中，你可以扩写出像"清泉"和"大海"这样对比性事物，然后思考事物之间有对比性的象征意义，这样分析透彻，才可以进行仿作。

最后说一下"仿篇"，就是对整篇文章的仿拟，你可以从多种角度进行仿作，或仿语言、或仿结构、或仿内容，抓住一个关键的角度，进行全篇的仿拟，这就是仿篇。关于从仿到创的扩展，我们的语文教学要坚持以发展语言为中心，利用读写结合充分进行训练，让学生的听、说、读、写能力协调发展。初中语文教学中语言的仿创训练与读写相结合，要进行以下几方面的语言训练。

训练语言的完整性。要求从仿到创的语言要完整，听、说、读、写的每一个过程都要完整，打下良好的学习基础。

训练语言的逻辑性。要求学生按照逻辑关系训练语言，语言要言之有序、言之有理。使学生理解句与句的逻辑关系，有利于提高语言的条理性、系统性，也促进了学生读写逻辑思维的发展。

训练语言的准确性。教师可以从教材中找出范例句子，通过换词句、增词句、改词句等与范例句子进行比较，让学生自己反复体会自己修改完的句子，再次仔细阅读，使学生充分感受教材范例句子遣词造句的精准度，准确地指导修改句子不通顺的地方。

训练理解语言。我们不仅要重视读书的语感训练，还要重视指导学生正确读书，可以通过朗读、默读、背诵、复述等形式训练。在初中的语文教材中，每册教材都有读与写的定质定量的训练，便于学生学会读写结合的学习方法，可以使他们更加自如地运用这种方法去自学课文，增强自身的理解能力。

训练语言表达能力。通过读写结合的学习方法，以"读"为基础，读写相互促进，再从仿到创的扩展，给学生提供多样的平台去展示自己的语言表达能力；让学生互相点评仿创的作品，不仅可以提升自己的语言表达能力，也鉴赏了他人的语言风格。

长期以来，初中语文教师都在积极寻找提高写作质量的新道路，我们可以通过以上所述的"从仿到创的扩展"的几项训练来提升学生的语言运用能力，并且将读写两者相结合，符合新课程改革理念。

二、以初中语文教材为例，掌握不同文体读写结合点

（一）记叙文的读写结合点

1.读题与拟题

题目是文章的精神聚合之处，要学好文章，首先要做的便是"读题"，即

"阅读文章的题目"。"读题"并不是表面的阅读，而是要把题意审清楚，才能抓住主旨，找到中心思想，自然也就能避免理解性错误或把握不正确。在初中教学的实际情况中，初中生读题存在各种不同程度的问题。只有正确地读题，学生才能在自己创作时学会"拟题"。这也是读与写的结合点之一。

通过阅读题目，学会拟出新题目。题目中的题眼也是十分重要的。题目有时是一个词，有时是一个句子，我们要快速分析其语法结构，捕捉题目关键的题眼。在读题和拟题这方面，记叙文的题目可以说是比较典型的，见表1-1。

表 1-1　初中语文记叙文拟题训练

读　题	拟　题
《藤野先生》	《安娜小姐》
《我的童年》	《她的童年》
《从百草园到三味书屋》	《从光宇桥到人文楼》
《爸爸的花儿落了》	《爷爷的树儿高了》
《我的母亲》	《我的父亲》

我们对表1-1这些初中语文教材中记叙文的题目进行拟写练习，拟题的过程中，要注意原来文章题目的结构。题目可以是偏正结构，也可以是并列结构、动宾结构、主谓结构，等等。我们在进行拟写时，要与其结构相同。

记叙文的写作拟题有很多种方法，可以运用扩写法、修辞法、设置悬念法、揭示主旨法等。扩写法，就是将记叙文的题目进行扩写，这样的拟题，不易偏离我们所读的主题，也很简单方便。修辞法，就是在拟写题目时，巧用修辞，不仅使文章题目更加生动，还可以使文章增添几分精彩。设置悬念法，在标题中设置悬念，既可以有效地激发阅读者的兴趣，又能反映文章的内容或精神，例如《阿长与〈山海经〉》这篇课文，是作者围绕童年生活中印象深刻的普通人来描写的，单单阅读题目，充满了未知的悬念，等待我们去探索文章的内容，这是拟题设置悬念的妙处。揭示主旨法，就是将记叙文的主旨或者中心句作为课文题目，既是文章的主旨，也可以当作文章的标题。以上几种方法，我们可以根据记叙文的不同角度加以选择运用，可以增添文章的魅力。读题和拟题是同等重要的。我们可以将此技法充分运用到初中语文阅读与写作教学之中，提高中学生记叙文审题和自定义拟题的能力。

2. 分析人物和刻画人物

在初中语文的大部分试卷中，记叙文的阅读中经常会出现这样的问题："文章的哪些角色或人物给你留下了什么印象？你最喜欢哪个人物？说明其理由。"这部分试题的特点就是分析人物形象。随着新课程改革的不断发展，在语文学科的教学过程中，我们更加注重读与写方法的引导，会读便会写，会写便会读。关于记叙文把握人物形象方面，我们有了分析人物，也就学会了刻画人物。促进记叙文分析人物形象和刻画人物能力的提升，我们可以通过课后练习，去掌握人物形象分析这一教学重点。此外，教师除了教给学生如何分析人物形象的方法外，还要教给学生在记叙性文章写作时如何刻画人物，举一反三地进行读写结合。

下面是从写人叙事的角度，选取教材语文版九年级（上册）经典课文《孔乙己》的分析人物与刻画人物的课后习题：学习了这篇课文，你们认为孔乙己是一个怎样的人？孔乙己的性格是否矛盾？如何分析他的人物特点？造成他性格特点的原因是什么，分析出图1-1的人物形象。

然后，再在文章中找出所有能反映他性格特点的语句：

（1）第四自然段"孔乙己是站着喝酒而穿长衫的唯一的人。他身材很高大；青白脸色，皱纹间时常夹些伤痕；一部乱蓬蓬的花白胡子。穿的虽然是长衫，可是又脏又破，似乎十多年没有补，也没有洗。他对人说话，总是满口之乎者也，教人半懂不懂的"。（肖像描写、外貌描写）

孔乙己是一个__ __ __又__ __ __的人。

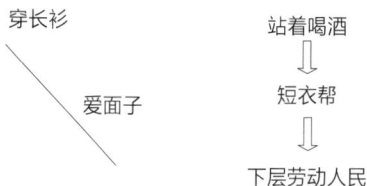

穿长衫

　　　爱面子

站着喝酒
⇩
短衣帮
⇩
下层劳动人民

图 1-1　孔乙己人物形象分析

（2）第五自然段"孔乙己原来也读过书，但终于没有进学，又不会营生；于是愈过愈穷，弄到将要讨饭了"。

（3）第十段"'孔乙己长久没有来了。还欠十九个钱呢！'我才也觉得他的确长久没有来了"。

（4）最后一段"大约孔乙己的确死了"。

最后，通过这些部分总结孔乙己是一个怎么样的人，对其进行总结。从各种情节的把握，结合对人物的刻画描写，比如人物的外貌、动作、语言、细节、侧面等的描写。让我们知道了，孔乙己并不是一个喜剧人物，他想生存却无路可走。他深受封建文化和封建教育的毒害，被时代所束缚。

以上是对《孔乙己》人物形象分析的练习，教师还可以将分析人物与刻画人物进行巩固，布置写人片段的记叙描写：写一个你熟悉的人，通过典型事件细节的描写来突出人物的特点。从而使学生从分析人物到刻画人物的完整学习，巧妙地学会将阅读与写作联系在一起。

3. 抓住细节与细节描写

记叙文是初中阶段比较常见的一种文体，它主要的形式是以写人叙事为主。在记叙文的学习中，会出现许多细节描写，突出人物性格，表达文章情感。一个优秀的文学作品，一定会有细节描写的出现。教师应正确引导学生领会其中的细节，学生也能学会描写细节，将其运用在写作中，让学生自己去发现阅读与表达的规律。初中的记叙文教学应多多品读细节描写，欣赏细节描写的魅力，分析与归纳细节描写的方法，多次进行细节描写的写作训练，将读写结合在一起。

所谓细节描写，就是对事件发展、人物塑造、环境再现等一些细微而又有典型意义的细枝末节所做的细腻、具体的描写。细节描写有人物细节描写、生活细节描写、环境细节描写等几种类型。细节描写是记叙文的重要部分，能突出人物性格，使记叙文写人叙事更加生动，运用好细节描写，不但可以增加文章的真实性，也可以提高阅读兴趣。

在平时的教学中，我们应该将课文阅读与写作训练结合起来，也就是说，可以将教材里精彩的记叙文细节描写与细节描写写作训练结合在一起，多加练习，将细节描写从阅读向写作中迁移。首先，我们要学会鉴赏细节描写。教师要正确引领学生欣赏教材中经典的细节描写，并讨论探究其细节描写在文章中起到了什么作用，之后再让学生大胆运用细节描写进行创作。

例如，我们可以将课文《从百草园到三味书屋》的一处细节描写进行仿写，下面举例说明。

"不必说碧绿的菜畦，光滑的石井栏，高大的皂荚树，紫红的桑葚；也不必说鸣蝉在树叶里长吟，肥胖的黄蜂伏在菜花上，轻捷的叫天子（云雀）忽然从草间直窜向云霄里去了，单是周围的短短的泥墙根一带，就有无限趣味。"（用"不必说…也不必说…单是…"

这种形式进行细节仿写）

仿写：不必说这香香的浓汤味道，也不必说那方方的牛肉块，单是这细溜溜的面条，就让人垂涎三尺了。

教师也可以在课堂上增加细节描写小练笔，比如关于人物细节描写的练习：

她骂道："你真是一个混蛋！"

①添加"动作描写"

她叉着腰骂道："你真是一个混蛋！"

②添加"神态描写"

她瞪着圆圆的眼睛，眼神里充满着愤怒，叉着腰骂道："你真是一个混蛋！"

③添加"心理描写"

她心想世界上怎么会有这样的人，瞪着圆圆的眼睛，眼神里充满着愤怒，叉着腰骂道："你真是一个混蛋！"

④添加"场景"

在这样一个雪天里，她心想世界上怎么会有这样的人，瞪着圆圆的眼睛，眼神里充满了愤怒，叉着腰骂道："你真是一个混蛋！"

真是冤家路窄，刚好在操场上两人不期而遇，由于上次她发现他抄别人的作业，便报告了老师，结果他被老师狠狠地批评了一顿。今天，当着这么多同学的面儿，他竟然嬉皮笑脸地拦住她，一个劲儿地说她是：小报告、克格勃、小内奸……她对他的挖苦讽刺装作漫不经心的样子。其实，她早已被气得浑身颤抖，脸色铁青，但她还是在不断地告诫自己：不要生气！不要失态！不要骂人！最终她实在忍不住了，于是怒睁杏目，手指着他的鼻子骂道："你真是一个混蛋！"

以上，是一个关于人物细节描写的小练笔，我们还可以训练生活细节描写、环境描写，等等，将记叙文阅读与写作的内容进行获取与输出。

（二）说明文的读写结合点

1. 了解对象与说明对象

"说明"的目的，就是让读者了解作者所说明的内容，让读者充分明白作者所介绍的事物。我们只有了解作者所说明的对象，才能学会自己去说明对象，也就是所谓的读写结合。

一般的说明文有两种，分为事物说明文和事理说明文。我们要先分清文章属于哪种类型的说明文，再去了解说明的对象。了解说明文中所说明的主要对象，首先要明确说明对象的特点，了解它与其他事物的区别。例如，人教版八年级上册的《中国石拱桥》，在学习这篇课文前，要带领学生对桥梁有一个初步的认识与了解，增加学生对说明文的阅读兴趣，从身边的桥梁慢慢引导出这篇课文的石拱桥，让学生了解说明对象，归纳总结出课文中石拱桥与赵州桥、卢沟桥的异同点，去深入分析作者是如何描绘石拱桥的，运用了哪些说明方法，举例讲解。了解对象的同时，也要了解说明文是一个怎样的说明顺序，说明顺序是准确把握对象特点的一个重要方面，因为说明文都是选取有利于了解对象的说明顺序进行说明。说明文的顺序有大概三种，分别是空间顺序、时间顺序、逻辑顺序等。如《苏州园林》是一篇事理说明文，从全文看，是按由整体到局部的顺序。从各部分看，按由主到次，由大到小的逻辑顺序。

不同的对象会有不同的说明方法、说明顺序，也有各自不同的说明目的，我们要学习其说明方法，看其是如何说明对象的，从而通过对自己了解的对象进行说明，学会说明文写作。

3. 学习运用准确的语言

说明文语言的准确性是由说明文的科学性与说明内容决定的。我们品读一篇优秀的说明文作品，要仔细阅读它的语言、遣词造句是否准确，这也有利于培养学生准确运用语言的能力。说明文语言的准确性，所说的"准确"，就是按照事物的实际状况，选择最合适、最精准的语言来对其科学性、道理性、规律性进行说明，一篇说明文的成功在于其语言的准确性。

再以《中国石拱桥》为例，大量数据的使用、概念的定义、说明顺序的安排和许多修辞的运用等，都可见文章语言的准确性。如《中国石拱桥》的课后练习这样的提问：句中加点词语分别是什么意思？将加点词语去掉可以吗？表达的意思有什么变化？

①石拱桥在世界桥梁史上出现得比较早。

②《水经注》里提到的"旅人桥"，大约建成于公元282年，可能是有记载的最早的石拱桥了。

③我国的石拱桥几乎到处都有。

④（赵州桥）全桥只有一个大拱，长达37.4米，在当时可算是世界上最长的石拱。

分析：

句子①中的"比较早"，说明程度较轻，这样表达比较稳妥。

句子②中的"有记载的"，使文章内容更有依据，更有可靠性。

句子③中的"几乎"，强调石拱桥的分布范围广，但不排除有的地方没有石拱桥的可能。

句子④中的"当时"是从时间上进行了限定；此句中的"可算"是从程度上进行限定，这样更加符合实际情况。

所以，这些词语都是不能去掉的。这就是说明文语言准确性的特点，非常明显地区别于其他文体。加强说明文语言准确性的练习，教师可以列举学生在说明文写作中不够准确的句子，与学生共同修改，启发学生了解对象学会说明对象，体会语言的准确性。

（三）议论文的读写结合点

1.把握论点与确定论点

议论文是通过摆事实、讲道理，直接表达作者观点的一种文体，以议论为主要的表达形式。在初中语文考试中，大部分议论文阅读的考查一般都是围绕议论文三要素即论点、论据、论证展开的。把握论点是学习议论文的首要关键。论点是作者对所议论问题的观点与看法，它是议论文的中心。论点总领着全文，一篇议论文只有一个论点，但可以围绕主要论点，也可以列出若干分论点，起补充说明的作用。

论点一般没有固定的设置，出现在文章的开头、中间、结尾都是可以的。当遇见论点在文中没有明显表达的句子时，虽然有一点难度，但也是有方法可用的，需要在学习和理解全篇的基础上，选取文章中心，依据论据和论题，准确提炼作者的观点，再用自己的话加以概括说明。

把握论点可以通过位置法、设问法、归纳总结法，或者论据反推法等多种方法。我们主要说明一下议论文寻找论点的位置法。有的论点可以放在标题处，比如课文《生于忧患，死于安乐》的论点就是"生于忧患，死于安乐"；有的议论文论点开门见山，比如课文《敬业与乐业》，它的论点出现在课文的第一自然段"我确信，'敬业乐业'四个字，是人类生活的不二法门"。通过引入事例，论点在文章的二、三自然段出现，比如课文《鱼我所欲也》，论点是文章中的"生，亦我所欲也；义，亦我所欲也，两者不可得兼。舍生而取义者也。"再或者有的议论文论点出现在结尾处，有许多议论文都是经过多个分论点的论述，在结尾处得出论点。

2. 找出论据与选用论据

议论文中运用的论据与论点是同等重要的，也是议论文的关键，它是证明论点的有力材料。论据又分为道理论据与事实论据。事实论据就是摆事实、举例子。道理论据就是引用名人名言，或运用被实践证明过的真理来证明论点。议论文论据要为论点服务，而且要真实准确。初中阶段的学生刚刚接触议论文，要打好基础，学会找出议论文的论据，然后多积累，运用到自己的文章中去。

那么，如何找出文章中的论据呢？首先我们可以找出文章列举的真实事件，也就是事实论据，前提是能证明文章的中心论点，然后再寻找文章的道理论据，比如名人名言，或者典故，需要我们细读全篇。

例如，《谈骨气》中，作者为了证明"中国人是有骨气的"这一论点，分别写出不同时代、不同身份的三个关于"我们中国人是有骨气的"故事，有南宋的文天祥、古代的饥饿贫民、现代的闻一多，虽然这三位中国人来自不同时代、身份不同，但都是"有骨气的"，充分证明了论点。文章还引用了孟子的"富贵不能淫，贫贱不能移，威武不能屈"来表现中国人的三种不同骨气。这些都是《谈骨气》的论据，用事实与道理作为论据，具有典型性与代表性，能更加突出中心论点。

如果想将找出论据与选用论据相结合，我们可以自己创作一篇议论文，《谈我们中学生的志气》，将阅读与写作进行结合。对于运用论据写作，要从阅读中去体会，得到启示，选取具有典型性、代表性、充分性的论据。但不是你在写作中论据运用得越多越好，那只是将积累的论据生硬地加以运用。论据不论数量的多少，有的文章只有两个有力的论据，就足以使文章具有说服力。在一篇议论文当中，最好将事实论据与道理论据交错使用，文章才会显得有理有据，具有说服力。只有事实论据，没有道理论据，文章会显得不是那么丰满。在平时的学习中，要注意课内外议论文论据的积累，这样在写作中才能信手拈来地运用论据。

3. 了解与运用论证方法

论证方法就是证明论点的方式，也可以说是运用论据证明论点的过程所采用的手段。初中阶段常见的论证方法有四种：举例论证、比喻论证、对比论证、引用论证。举例论证是"举例子""摆事实"，通过列举事例来说明论点。比喻论证是运用比喻方法来论证观点，使复杂的问题简单化，让论证思路更清晰，更容易使读者接受。如冰心的《谈读书》中，把生命比作"一江春水""一棵小树"，突出生命生机勃勃的特点。对比论证是用正反两面的论点或论据作对比。例如丁肇中的《应有格物致知精神》中，先从正面阐述格物致知的真正含义，再从反面去说明中国教育并不注重真正的格物致知，这便是对比论证。引用论证是在论证的过程中引用一些名人名言、典故，使文章更具说服力与文采，吸引读者阅读。

我们在积累课内外论据的同时，也要注重论证方法的实践，把理论运用到实践中去，这样才能写出好的议论文。我们也必须多看书多学习，不断地提高自己的理论水平，才能将读与写巧妙地结合起来。

三、以学生为主体，注重培养学生能力

（一）培养观察能力，形成自我认知

初中的学生在成长的阶段，对客观世界的认识不是一成不变的。随着年龄的增长，他们对事物的认识变得越来越丰富、越来越清晰。在这个期间，我们必须注重培养学生的观察能力。通过培养学生的观察能力，使学生获得更丰富的观察体验，形成自身对事物特有的认知，也就是自我认知。

从读写结合的角度看，要想学生掌握读写结合的学习技巧，就要让学生亲自去观察与实践。使学生通过读来学习写，引导学生观察周围的世界，不是让学生死记硬背下来一些名人名句名篇，而是要形成自我认知。我们要加强对初中生观察能力的培养。观察的能力是学生基本的能力之一，也是一种科学研究的方法。任何研究与学习都离不开观察，培养观察能力，是中学生自身的需要。培养学生的观察能力，形成自我认知，要做到以下几点。

遵循观察的客观规律。任何事物的存在，都有其空间、时间、方向上的规律性，按一定的规律对事物进行有序地观察，才能获得良好的自我认知。

尊重学生心理的发展特点。初中阶段的学生正处于身心发展的一个新时期，在这个时期当中，学生的思维对他们的观察能力有着潜移默化的影响。我们要从了解学生的心理活动开始，从实际出发，具体学生具体分析，选择恰当的教学方法，在实践中让学生积累丰富的具体形象与具体经验，养成观察的良好习惯。

以学生为主体，计划性地培养观察能力。调动学生的观察积极性，重视学生自我认知能力，通过主体自身的观察，再将通过观察的认知运用到写作中去。制订初中生观察能力的培养计划，将观察运用到写作训练中去，更能培养学生将自我认知表达在写作中的能力。

（二）培养记忆能力，形成言语自觉

记忆能力是学习和运用知识的基本途径，每个学科都不能缺少这项能力。语文学科的学习是无法离开记忆能力的，学生可以通过科学记忆的方法对学习的内容、文章的理解进行储备。初中是学生记忆力最佳的时期。首先，在语文的教学中，要培养学生记忆的信心和兴趣，让学生在理解的基础上提高记忆能力。如果学生只是对一些篇章语句死记硬背，却不完全理解其具体的含义，记忆的速度就会变得缓慢。其次，还要将读与写融合在一起、将听与说互动在一起，提高学生的记忆速度。

学生训练记忆能力的过程，最大的价值应该就是在读写的过程中形成"言语自觉"。所谓的"言语自觉"，应该是言语被自觉地规范运用，记忆下来所阅读的文字，自觉地进行言语表达，这便是"言语自觉"。

培养记忆的能力并不是一朝一夕的事情，而是需要更多地实践正确的记忆方法。只有提高了学生的记忆力，才有助于推动语文的学习，促进学生读写能力的发展。言语自觉在于坚持，中学生可以对自己进行记忆训练，并制定合适的记忆训练计划，培养记忆兴趣，树立记忆信心，在理解的基础上进行记忆，把听说读写结合起来，做到天天练习与运用，使自己的记忆能力处于一个稳定提升的状态，在已有的记忆下，不断改进与优化自己的记忆能力，记忆便成为一项容易的事情。激发学生的记忆兴趣，鼓励学生主动记忆，教师应加强读写能力的提升指导，通过提升记忆能力形成学生的读写结合的素养，最终带领学生走向"言语自觉"。

（三）培养思维能力，形成读写共享

读写是思维的外在表现，思维靠读写来有效组织。学会灵活的思维，对我们基础知识的学习与读写结合的训练起着统率的作用。思维可以使学生进行深刻的思考，深入地钻研问题，学会自己解决问题。

我们要在学生的学习过程中，大力发展其语文思维能力，采取民主的教学方式，鼓励每一个学生独立地思考问题。在讲解课文时，可以让学生交流讨论，然后自己归纳总结。例如，让学生自己划分文章段落，提炼每个段落分别写了什么内容，这种方式可以训练学生的思维能力。珍惜学生在训练过程中求同存异的思维火花，激发学生创新思维的产生。

思维是我们人脑对客观事物本质和事物内在规律概括的、联系的、间接的反应。对学生而言，思维的产生是从发现问题开始的，学生通过独立阅读的过程，自然会产生思维，然后借助语言来表达，形成了读与写的合作。吕叔湘先生曾说过："教师培养学生，主要是教会他们动脑筋，这是根本，这是教师给学生的最宝贵的礼物。"他所说的"动脑筋"，就是指教会学生培养思维的能力。语文学科与思维是密不可分的，只有思维能力不断发展，学生才能将阅读到的内容迁移到写作中，又用写作的资料来促进阅读，发展思维，达到读写资源的共享。

四、以教师为主导，正确引领读写结合教学

（一）指导学生广泛阅读

从初中语文的实际情况来看，每个学生在学校接受了同等时间的语文教育，但语文的学习效果却各不相同。这其中的原因是有很多的，但导致语文教学效率低最重要的因素是学生阅读量太少，也就导致写作困难。指导学生广泛阅读增强阅读量是语文教师重要的工作。

广泛阅读主要指的是课外阅读。教师不仅要指导学生重视课内教材的学习，也要指导学生从课外阅读中获取知识。学生可以通过不同媒介进行不同题材、体裁的阅读，教师也要指导学生哪些书应该读、哪些书不应该读，从而帮助学生形成一定的判断能力，也要让学生注意哪些书要精读，哪些书可以略读。长此以往，学生自己便学会了选择阅读好书，并结合自身的兴趣，广泛地阅读。

鼓励学生遇到喜欢的字词句时摘抄下来，以后在写作中可以运用，这样便做到了读与写的融洽结合。学生语文读写能力的高低与是否重视广泛阅读有着十分重要的关系，阅读得越多，读写的能力也就越强。

（二）确保教材规范使用

在初中读写结合的教学中，从读中学写，优秀的范例就在身边，那就是我们的语文教材。引导学生的写作，应充分发挥教材的作用，所以学校与教师应当选取规范性教材，起到事半功倍的作用。要用好教材，不能摒弃教材所提供的经典文本。由于有些学校的考试中很少出现教材里所学习的内容，导致有些教材形同虚设。学生课外时间又疲于补课，没有时间去阅读经典文

章，教材中的经典文章也就无人问津。教师教学应从教材入手，教会学生品读经典，学生才能写出优秀的文章，这便是规范教材的必要性。

规范性教材会潜移默化地影响学生。教师可以利用教材的经典篇章对学生进行中华优秀传统文化的教育，学生从中学到丰富的知识，提高语文素养。语文教学不单单是传授语文知识，更是教会学生做一个优秀的人，只有教材经典、规范，才能更好地培育学生，使学生内心充实、精神强大。

初中阶段的语文教材有很多版本，在教学实践中，不论是语言文字还是作品精神内涵，都是对中华优秀传统文化的一种传承与发扬。教材所选作品有各式各样的体裁，有唐诗、宋词、元曲、戏剧、小说、散文，等等，选择经典的篇章，学生在学习时，更能体会汉语言文字的优美，也会使学生更加热爱生活、热爱祖国。

教师指引学生从经典的教材走向经典的文学。学生可以在课外选择与教材中所喜爱课文相似的读物，多角度、多方面地阅读，获得丰富的文学滋润，再投入自己的写作。这也可以说是教材的规范性促进读与写的学习。

（三）多平台多样化传播

随着多媒体时代的来临，文学传播平台越来越多。传统的纸质媒体有报纸、杂志、图书，等等，技术媒体多以技术为基础，有广播、电视、互联网、多媒体，等等。文学传播平台的多样性，不仅促进经济的发展，还能使广大阅读爱好者读到自己所喜爱的读物。21世纪以来，随着网络技术不断发展，大量优秀文学网站和手机阅读软件也快速发展，带来更多阅读便捷。

利用大众传媒，激发学生学习语文的兴趣，让传播语文知识的平台多样化。影像声音并茂的电影、电视节目都可以促进学生联想与想象。我们可以让学生通过多看电视学习口头表达。例如中央电视台科学教育频道的《探索·发现》《讲述》栏目，再如现在比较火热的中央电视台的《朗读者》《见字如面》等节目，可以让学生在闲暇的时间里多看看，锻炼思维与表达能力，有助于阅读与写作。

图书、电视、电影、网络都是学生百科知识的源头，它们虽然不在我们的课堂，但能延伸语言实践。初中生对这样一个时代，一定充满好奇。学校也可以设立数字图书馆，充分地利用网络资源，帮助学生提升自我学习探究能力。

第二章　初中记叙文读写结合教学研究

第一节　部编版初中语文教材记叙文编排研究

一、部编版初中语文教材记叙文选篇统计

（一）记叙文阅读篇目

为了更好地了解读写结合教学法在初中语文记叙文教学过程当中的运用，本书对部编版初中语文的六本教材中的记叙文阅读篇目进行了整理。本次统计以部编版2017年版本为依据，不包含文言文和诗歌，散文、小说、寓言故事、演讲稿、新闻、人物传记都属于不同文学体裁的记叙文，记叙文选篇总计76篇，如表2-1所示。

表 2-1　部编版初中语文记叙文选篇统计

七年级上册	
春（朱自清）	济南的冬天（老舍）
雨的四季（刘湛秋）	秋天的怀念（史铁生）
散步（莫怀戚）	从百草园到三味书屋（鲁迅）
再塑生命的人（海伦·凯勒）	窃读记（林海音）
植树的牧羊人（让·乔诺）	走一步，再走一步（莫顿·亨特）

续表

猫（郑振铎）	鸟（梁实秋）
动物笑谈（康伦德·劳伦兹）	皇帝的新装（安徒生）
女娲造人（袁珂）	寓言四则
七年级下册	
邓稼先（杨振宁）	说和做——记闻一多先生（臧克家）
回忆鲁迅先生	老山界（陆定一）
谁是最可爱的人（魏巍）	阿长和《山海经》（鲁迅）
老王（杨绛）	台阶（李森祥）
叶圣陶先生二三事（张中行）	驿路梨花（彭荆风）
紫藤萝瀑布（宗璞）	一棵小桃树（贾平凹）
伟大的悲剧（茨威格）	太空一日（杨利伟）
带上她的眼睛（刘慈欣）	卖油翁（欧阳修）
八年级上册	
消息二则（毛泽东）	首届诺贝尔奖颁发
"飞天"凌空——跳水姑娘吕伟夺魁记（夏浩然、樊云芳）	一着惊海天——目击我国航母舰载战斗机首架次成功着舰（蔡年迟、蒲海洋）
藤野先生（鲁迅）	回忆我的母亲（朱德）
列夫·托尔斯泰（茨威格）	美丽的颜色（艾芙·居里）
背影（朱自清）	白杨礼赞（茅盾）
昆明的雨（汪曾祺）	

续表

八年级下册	
社戏（鲁迅）	灯笼（吴伯萧）
安塞腰鼓（刘成章）	我一生中的重要抉择（王选）
最后一次演讲（闻一多）	在长江源头各拉丹东（马丽华）
壶口瀑布（梁衡）	一滴水经过丽江（阿来）
登勃朗峰（马克·吐温）	
九年级上册	
故乡（鲁迅）	我的叔叔于勒（莫泊桑）
孤独之旅（曹文轩）	智取生辰纲（施耐庵）
范进中举（吴敬梓）	三顾茅庐（罗贯中）
刘姥姥进大观园（曹雪芹）	
九年级下册	
孔乙己（鲁迅）	变色龙（契诃夫）
溜索（阿城）	蒲柳人家（刘绍棠）
屈原（郭沫若）	天下第一楼（何冀平）
枣儿（孙鸿）	

通过统计，我们可以得出以下数据：在部编版语文七年级上册教材的22篇课文当中，现代记叙文篇目14篇；七年级下册教材的25篇课文当中，记叙文篇目16篇。八年级上册教材的25篇课文当中，记叙文篇目11篇；八年级下册教材的24篇课文当中，记叙文9篇。九年级上册教材的24篇课文当中，记叙文篇目7篇；九年级下册教材的24篇课文当中，记叙文篇目7篇。通过对部编版初中语文教材中不同年级记叙文篇目的统计发现，记叙文是初中语文教材中的重要文体：在七年级教材中的记叙文篇目最多，占总篇目的64%；

八年级教材中的记叙文篇目次之，占总篇目的41％；在九年级教材中的记叙文篇目最少，占总篇目的29％。通过这些统计数据我们可以发现，从七年级到九年级记叙文阅读的篇目逐渐递减。

根据这些记叙文的内容，可以把它们分成四大类：写人记叙文、写事记叙文、写景记叙文和状物记叙文。写人记叙文侧重写人物，通过对人物的语言、动作、心理、神态、外貌、细节的描写，着重表现人物的性格特点、精神品质以及情感表现。比如七年级上册的《再塑生命的人》、七年级上册的《老王》、八年级上册的《藤野先生》都是典型的写人记叙文。写事记叙文侧重对故事情节的描写，通过对故事起因、经过、结果的描述，抒发情感，传达一定的教育意义，给人启发。比如七年级上册的《从百草园到三味书屋》、八年级下册的《社戏》、九年级上册的《孤独之旅》等。写景记叙文侧重对景物的描写和刻画，通过对景物的描写寄托作者的情感，比如七年级上册的《春》《济南的冬天》《雨的四季》。状物记叙文，比如七年级下册的《紫藤萝瀑布》《一棵小桃树》等。

（二）记叙文写作篇目统计

通过对教材的分析，我们可以发现，记叙文的写作训练是贯穿七年级至九年级教学始终的，并且以两种形式展现出来，一种是结合每个单元教学进行的单元作文训练，另一种是结合具体的记叙文阅读篇目以课后习题的形式体现出来的写作练笔，需要教师结合具体的教学安排进行练习。

通过对第四学段三个年级所要求进行的单元作文训练的梳理，我们不难发现，除了九年级下册第五单元以外，都适合进行作文的练习。其中，七年级上册记叙文的单元作文训练有6篇，七年级下册记叙文的单元作文训练4篇；八年级上册3篇，八年级下册3篇；九年级上册2篇，九年级下册5篇。记叙文作文的训练是贯穿七、八、九年级始终的，特别是七年级的作文训练，侧重强调写人、写事记叙文的练习；到了八年级和九年级，又增加了新闻稿、演讲稿、诗歌、说明文和议论文的作文练习，同时对记叙文作文的练习仍然在进行。

纵观整个初中阶段的六本部编版教材中所要求进行的记叙文单元作文练习，我们可以发现，记叙文的练习注重和生活实际的联系，对写作的题目和内容并没有做限制性的要求，大部分都是按照由片段写作向整篇文章写作过渡的模式，大多呈现出开放性的特点。每个单元的作文训练基本是提出作文训练的要求，从七年级至九年级呈由易到难、从局部到整体的分布状态，先提出对记叙文写作的基本要求，"如何突出中心""怎样选材""学写故事"，到了九年级则从整体出发"布局谋篇""修改润色"等。

二、部编版初中语文教材关于记叙文的编排特点

语文学科是基础教育阶段的重要学科，记叙文是语文学科当中的重要文体。部编版初中语文教材对记叙文的编排，体现在记叙文阅读和记叙文写作两大部分。从教材的编排上来看，这两者之间密切联系又相辅相成。

（一）循序渐进

三个年级六本教材当中对记叙文阅读和记叙文写作的安排并不是一蹴而就的，按低年级到高年级的顺序是由易到难、由简到繁的。记叙文阅读篇目在数量上低年级编排得较多，随着年级升高，数量在逐渐减少。从内容上看，低年级简单记叙文多，它们大多线索单一、情节简单、人物特征鲜明、文章道理通俗易懂。比如七年级上册选择的记叙文多是记叙生活中的琐碎小事、童年趣事、亲情故事等，更加注重亲身的体验和感悟。随着年级的升高，复杂记叙文代替简单记叙文。比如九年级下册的记叙文则是通过复杂的故事情节塑造鲜明的人物形象，展现世态人情和时代风貌，更加注重社会性。单元的作文训练也呈现一定的特点。在数量上，七年级记叙文训练的篇目最多。从内容上看，七年级的作文训练注重培养写作的兴趣，从身边的事情写起，

从熟悉的事情写起，先学写事再学写人，再学会在具体的事件当中塑造人物形象，写作的题材大多贴近生活，相对简单。到了九年级，记叙文训练的篇目最少，学习缩写、扩写和改写，看似简单实际上是对写作提出了更高要求：缩写要求语言凝练，培养概括和综合的能力；扩写要求有写作的基础，合适地运用语料；改写要求思维灵活开阔。无论是记叙文阅读还是记叙文写作都呈现了由易到难的规律性特点。

（二）相互对应

部编版初中语文教材的编排具有整体性的特点，任何一个部分都不是孤立的个体。记叙文阅读和记叙文写作的编排更是紧密结合，每个单元的作文练习都是通过对本单元阅读篇目的整理，梳理写作的知识点进行安排的。各个单元阅读篇目的课后习题也渗透了写作的练习，它们之间相互联系，体现了读写结合的理念。比如，七年级上册第四单元的记叙文作文练习——"思路要清晰"，通过对第四单元的《再塑生命的人》这篇课文记叙顺序的分析，梳理了使作文思路清晰的要点——"整体构思""确定写作顺序""列提纲"，再给出作文练习的题目进行训练。七年级下册第三单元的记叙文作文练习——"抓住细节"，通过对第四单元的《老王》《台阶》《卖油翁》等几篇课文的梳理，总结"抓住细节"的要领——"真实""典型""生动"，再给出作文题目，有针对性地进行训练。

三、初中记叙文阅读教学目标

通过对义务教育阶段语文课程目标的解读，可以把学生初中记叙文阅读教学目标要求概括为以下几个方面。

（一）熟练掌握记叙文的文体知识

在语文学科的教学中，对文体及其相关问题加以分析与澄清是十分必要的。潘新和先生曾说过："'文体感'甚至比'语感'更重要，阅读与写作是一种文体思维。"从中可以看出，在语文学科的教学中，让学生系统地掌握相关的文体知识的重要性。《全日制义务教育语文课程标准（2022年版）》指出："在阅读中了解叙述、描写、说明、议论和抒情等表达方式。"在初中记叙文教学中让学生了解记叙文是以记人、叙事、写景、状物为主要内容，以叙述、描写为主要表达方式来反映生活的常用文体。培养学生的语文能力，一般要从记叙文入手，逐步向其他文体过渡。因此，在初中记叙文阅读教学中，引导学生熟练掌握记叙文的相关文体知识十分重要。

（二）发展初级鉴赏评价能力

在初中阶段学生会接触到多种类型的记叙文，只有提高阅读能力，掌握必要的阅读方法，他们才会从容面对各种文章。所以在记叙文阅读教学中要重点培养学生独立的阅读能力。记叙文阅读能力主要包括记叙文的认读能力、理解能力、鉴赏能力、评价能力。在初中阶段，记叙文阅读教学要重点培养学生的理解能力和初步鉴赏评价能力。

初中生的阅读理解能力，指学生能够通过分析、综合、比较、分类、概括等思维活动，理解文章内容，领会文章的主旨思想。阅读理解能力是学生其他阅读能力发展的基础。发展学生独立的记叙文鉴赏评价能力，就是让学生在理解文章内容的基础上，对文章的思想内容、写作风格、艺术特色等方面作出客观评价。当发现问题时，能够对文本进行客观、理性的判断与分析，并且能够对文章内容作出点评。鉴赏评价能力有利于丰富学生的情感体验、加强学生的文学修养、培养学生的审美能力。课标要求学生在记叙文阅读过程中能够联系自己的生活体验从多个角度对文本进行个性化的解读和评价。在记叙文阅读中，教师要引导学生去体会和感知文本内容，在思考中建构作品的意义，从中使他们获得关于自然、人生、社会的有益启示。

（三）陶冶思想情操

情操指情感和操守。语文教育素有"文道结合"的传统。语文教材中的记叙文文质兼美，教师可以充分开发课文资源对学生进行德育、美育和思想道德教育。在记叙文教学中教师要引导学生表达自己的感受，提出自己的困惑，并运用合作学习的方式，让学生共同解决疑难问题。学生在初步理解、鉴赏文章的时候，会在潜移默化中受到感染熏陶，从而丰富他们的审美体验，使他们养成健康的审美情趣，提高文学素养。

在阅读教学中，教师要充分利用教材中的选文培养学生感受美、鉴赏美和创造美的能力，陶冶学生的道德情操。学生在这些文质兼美文章的熏陶感染下，会形成积极健康的价值观和乐观进取的人生观，成为全面发展型人才。

四、部编版初中语文记叙文写作目标分析

部编版初中语文教材中对记叙文写作的安排分为两大部分：一部分是课后练习中的随堂练习，针对本课的主题和所学知识点进行针对性的写作练习，更有利于学习迁移；另一部分也是主要部分统一集中在每个单元的最后一课，由片段写作逐渐向整篇文章的写作递进，是对每个单元主题的总结和凝练，希望学生能够学以致用。

理论目标：在义务教育阶段的写作不等同于文学创作，尽管素质教育要求教学不能束缚学生的思维和想法，要培养学生的创造能力，但是并不代表学生可以天马行空，按照自己的想法随意写作。要先培养基础的写作能力，掌握基本的写作要求。对于记叙文的写作，通过对记叙文阅读的学习，掌握记叙文的文体特点，写作具有规范性。

在写作的过程当中要学会学以致用，通过给出的话题或主题，构思立意，多方面地搜集素材，提炼出写作提纲，学会综合运用多种表达方式，并且合理安排文章内容的详略，多方面考虑对文章内容和结构的安排。只有在掌握一般写作规律的基础上，才能更好地创新。

实践目标：初中阶段的写作教学是以记叙文教学为主的，特别是七年级的写作教学。记叙文写作通俗来说就是通过记叙人和事物来传达情感、说明道理，除了掌握理论，知晓按照什么步骤和程序、运用哪些方法以外，更重要的是将写作落到实处。一篇优秀的文学作品或好的文章一定是有真情实感，能引起读者共鸣的，这就要求写作的人要有丰富的生活和社会经验以及驾驭语言的能力。大部分初中学生生活和社会经历简单，需要培养他们对生活的感悟能力。对于语文的学习始终是循序渐进的，那么对于写作能力的培养就更需要日积月累地努力，不能局限于书本知识，培养学生善于观察周围事物的好习惯，多角度观察生活，保持对任何微小事物的敏感性，关注社会热点问题并且善于阐述自己的观点和看法。同一个主题，不同的学生往往能从不同的角度诠释，丰富的生活经验和成长经历往往能赋予学生更多的创造力。同时，通过记叙文写作的练习，也可以增长学生们的见识，使他们能对生活有更加深刻的体会和感悟。

通过对部编版初中语文教学目标以及记叙文阅读和记叙文写作目标的分析，我们可以发现，记叙文阅读和记叙文写作在语文教学过程当中是密切相关、缺一不可的两部分，阅读当中渗透着写作，写作当中也蕴含着阅读，任何一个目标的达成都需要彼此的配合和融合。

《义务教育语文课程标准》（2022年版）中指出对写作教学的实施建议："在写作教学处，应注重培养学生观察、思考、表达和创造的能力。要求学生说真话、实话、心里话，不说假话、空话、套话。鼓励学生写想象中的事物。"

在课堂教学的过程中只讲写作的方法和技巧，积累素材语料是远远不够的，读写结合的教学方法可以充分调动学生的学习热情，使学生的思维更加活跃。课标中还提出："为学生的自主写作提供有利条件和广阔空间，减少对学生写作的束缚，鼓励自由表达和有创意的表达，提倡学生自主选题，少写命题作文，加强平时练笔指导。写作教学应抓住取材、构思、起草、加工等环节，指导学生在写作实践中学会写作。重视引导学生在自我修改和相互修改的过程中提高写作能力。要重视写作教学与阅读教学、口语交际教学之间的联系，善于将读与写、说与写有机结合，相互促进。善于利用信息技术与网络的优势，丰富写作形式，激发写作兴趣，增加学生创造性表达、展示交流与互相评改的机会。"

通过课标对写作教学所提出的实施建议，我们可以发现，写作教学更加注重培养学生的综合能力，引导学生联系生活、关注现实、善于发现、表达出真情实感。因此，写作教学不仅是教给学生写作的方法，而且从根本上培养学生的写作能力。"巧妇难为无米之炊"，这种能力的培养需要从优质的阅读篇目当中汲取营养，读写结合的教学方法给写作教学奠定了必要的基础。

第二节　初中记叙文读写结合教学的意义与教学设计

一、初中记叙文读写结合教学的意义

（一）培养学生学习语文、用语文的兴趣

当前，许多初中生不喜欢语文学科，缺乏语文学习的兴趣，语文成绩相对较弱。阅读与写作是语文学科的两个重要方面，培养学生的语文学习兴趣可以从这两方面入手，在教学中将两者有机结合，实现读写教学的突破，进而培养学生学语文、运用语文的兴趣。在作文训练中，大多数学生没有写作的意愿，他们认为没有什么可写的；剩下的一小部分学生虽然自己有写作的意愿，但不知道怎么写，觉得写出来的东西与自己要表达的相差甚远。许多语文教师的作文教学也处于无序、低效的状态。比如，在初中的记叙文写作教学中，很多教师会要求学生背诵几篇不同类型的范文，教给学生写作记叙

文的常用的套路，教法简单僵化，教学模式陈旧。这种做法不能帮助学生理解教师讲授的作文技巧，久而久之，学生会失去学习语文的兴趣。

面对这种情况，教材中的课文恰好是鲜活的作文范文。一方面，学生在学习课文时，可以积累丰富的写作素材，使学生在写作中有东西可写。同时教师在讲解课文的时候，可以教给学生必要的写作方法，将知识转化为能力，进而提高学生的作文水平。另一方面，记叙文读写结合教学，也有利于以写促读，让学生深刻理解文章内容，提高学生的阅读能力。学生平时的作文训练，可能是片段训练，也可能是整篇文章写作，为完成学习任务，学生要花费一些时间，去搜集整理资料，在对搜集到的资料进行筛选和甄别的时候，他们需要与文本进行深层次的对话，这就有助于激发学生的阅读热情，扩大他们的阅读空间，形成学生再次阅读的二次动力，进而会让学生感受到语文学习的乐趣，培养学语文、用语文的兴趣。

（二）有利于提高学生的语文实践能力

当前的语文教学强调人文性，强调以人为主体，尊重人的价值，关心学生的利益。在语文课堂上学生读课文、谈感受，热热闹闹，但是学生自己动手写作文的时候，通常不知从何写起。究其原因，一方面，教师在引导学生理解文本内容的时候，学生没有与文本语言发生更多的对话，忽视了学生的语文实践活动，文本内容没有被学生内化。另一方面，在语文教学中部分教师忽略了语文的工具性，学生缺乏作文训练的机会。久而久之，这种读写分离的教学方法就会导致学生作文兴趣不浓，作文能力提高不快，甚至是怕写作文等问题，学生的语文实践能力也得不到有效提高。而"初中记叙文读写结合教学研究"正是研究如何将记叙文阅读与写作有效地结合起来，为学生提供更多的语文实践机会，提高学生的语文实践能力。

（三）有利于锻炼学生的思维能力

作文是学生运用语言文字进行表达和交流的重要方式。作文教学的任务之一就是培养学生的思维能力。其实，作文本身就是一种思维活动。初中生写作文就是要表达自己的观点和真实的情感。但是学生要想准确地抒发自己的情感，就要具备良好的语言组织能力和谋篇布局能力。我们可以认为学生写作文的过程就是他们的思维过程。我们在读文章时会有这样的经历，有的文章结构条理清晰，语言表达准确，我们很容易理解作者要表达的意思；而有些文章结构安排杂乱无序，使我们很难理解作者要表达的观点。这就是因为写作是一种思维活动，我们阅读作品是追随着作者的思维，思维能力强的作者，能够把文章安排得条理清晰，让读者容易理解。所以，训练学生的写作能力的同时也在训练学生的思维能力。记叙文读写结合教学就是要通过广泛存在的阅读活动，增加学生作文训练的机会，提高学生写作的能力，提高学生的思维品质。

二、初中记叙文读写结合教学应遵循的原则

（一）读写内容一致原则

遵循读写内容一致的原则是实现由阅读向写作迁移的首要条件。教师要充分发挥自身的引导作用，带领学生选择与写作任务一致的阅读内容进行阅读，即阅读的内容能够对学生即将进行的作文训练有启发作用。阅读的文章与学生的写作目标有联系，学生就有可能将阅读中学到的知识向写作的方向进行迁移。

有目的地指导学生读写结合训练，就能提高语文教学的整体效率。比如：教师在讲解一些优秀的写人记叙文的时候，可以指导学生学习刻画人物的方法，然后让学生把学习到的写人技巧迁移到作文训练中，这样的教学既可以避免单纯讲解写作知识给学生造成的困惑，又可以提高教学效率。

（二）时效性原则

记叙文阅读与写作的联系要及时。阅读和写作相互联系，彼此交融，能否完成一次高效率、高质量的读写结合训练，很大程度上取决于学生能否将自己对于文本的理解、写作技巧的学习及时地迁移到作文训练中去。而学生对文本的情感体会一旦冷却，对技法的记忆一旦模糊，那么再运用起来自然就会生疏。因此，在语文教学中，记叙文的读写结合训练一定要讲求时效性，教师要抓住最佳时机进行读写结合训练，这样既可以对阅读中学习到的知识进行巩固，也可以更好地提高学生的作文能力。长期坚持高质量、高效率的读写结合训练，能够让语文教学取得事半功倍的成效。比如，在人教版初中语文教材中，编者将记叙文按照主题编排在教材不同的单元，教师可以在学习完某一单元后，根据单元作文训练主题安排学生进行作文训练。这样既可以加深学生对单元主题的理解，也可以巩固学生在阅读课堂上学到的作文技巧。

（三）循序渐进原则

读写结合还要遵循循序渐进的原则。首先，记叙文读写结合的前提是阅读与写作教学都完成各自的任务，在此基础上再进行读写结合训练。否则，在学生缺少阅读能力或缺乏写作知识的情况下，盲目地进行读写结合练习，会达不到教师想要的教学效果。

其次，读写结合还要按知识的规律和学生的认知发展规律进行，在教学中有计划地、循序渐进地组织和安排读写结合训练。读写结合训练应该层层深入，逐渐加深难度，总体的顺序应该体现出由易到难、由简到繁、由模仿到创造。

最后，读写结合过程中的循序渐进还体现在积累上。无论是阅读量的积累，还是对作文知识与材料的积累，都需要学生坚持不懈地在学习中循序渐进地提升。学生的作文离不开阅读中的积累，没有人能够在无积累的情况下写出耐人寻味的作品，阅读和作文环环相扣，读能助写，写能促读，如此循环往复，使学生的读写水平循序渐进地向更高的层次发展。

三、记叙文在初中语文教材中的选文特点

（一）选文文质兼美，具有典范性

《义务教育语文课程标准》（2022年版）指出："教材选文要具有典范性，文质兼美，富有文化内涵和时代气息，题材、体裁、风格丰富多样，难易适度，适合学生学习。"基于课程标准的这一要求，人教版初中语文教材选取的记叙文文质兼美，是适合教学和学生学习的典范文章。"语言文字好"和"思想内容好"是文章文质兼美的两个要求。教材中的记叙文既注重语言形式，又注重思想内涵，着重于激发学生的情感共鸣，提高学生的思想认识，陶冶其情操，培养学生的审美能力和鉴赏能力。《散步》中作者写了生活中一件小事，却为我们揭示了"尊老爱幼"的大主题，能够培养学生高尚的情操。

（二）选文符合学生的接受心理和认知水平

人教版初中语文教材中的记叙文大多符合学生的年龄特征和认知水平。语文教材中的选文难易适中，如果太难，大多数学生经过努力还是学不好，就会挫伤他们学习的积极性；选文太易，一读就懂，学生会觉得没什么可学，引不起他们学习探究兴趣。人教版初中语文教材选文难易度的把握很准确，符合学生的认知水平。

初中生正处在童年期和青年期之间的过渡期，这是一个半幼稚、半成熟阶段，也是个性形成的关键期。人教版初中语文教材记叙文选文，充分考虑了初中生心理发展的这一特点，选取了有利于学生各种心理品质和谐发展的文章。

（三）选文符合学生的阅读兴趣

人教版初中语文教材中的记叙文适合初中生年龄特点与实际阅读水平，大多是富有情趣的，能够激发学生的阅读兴趣与热情，激发学生的学习兴趣，引发学生积极思考，启发学生思维。对学生来说，学习的最直接目的是经学

习语文教材，去获得知识，然后在考试中取得好成绩。所以教材中选取符合学生阅读兴趣的课文，能够使初中生在学习的过程中更为专注、认真、兴趣盎然，也可以使语文课堂持续活跃。比如：七年级上册第二单元的课文《散步》等课文，讲述的内容与初中生自身的经历体验有着相同之处，这样他们在学习的过程中能够结合自身经验谈感受，加深他们对文本内容的理解，激发他们的阅读兴趣，启发他们积极思考，学生在学习中会表现得非常活跃，阅读教学也能够取得较好的教学效果。

第三节　读写结合在初中语文记叙文教学中存在的问题及原因分析

一、读写结合在初中记叙文教学中存在的问题

（一）记叙文阅读与写作联系不密切

1. 阅读与写作课时比例失衡

首先，我们从部编版初中语文教材记叙文的编排体系可以看出，在七、八、九年级的六本教材当中，从数量上看，阅读的篇目多于写作的篇目，并且写作的篇目安排在每个单元的最后一课。从课时安排的情况来看，也是阅读的课时远远多于写作的课时。课程表上的写作课也会根据教师的课程进度适当调整进行其他语文课程内容。这样的课程安排会导致教师将阅读和写作割裂开来。阅读和写作课程安排的不平衡会导致阅读和写作的分裂。此外，虽然教师知道提高写作水平对于整体语文能力提升的重要性，但是想要提高学生的写作能力要花费更多的时间和精力，因此大部分教师不愿意上作文课，作文课的教学目标相比之下更加灵活，教师甚至会选择性地减少作文课。

2. 阅读与写作教学过程分离

读写结合的教学方法不断地被理论和实践证明是语文学习的重要方法，大部分教师能够意识到读写结合的重要性和有效性，但是在实际的读写练习

中只是机械地将其联系在一起，并没有真正发挥读写结合的积极作用。在部编版初中语文记叙文的实际教学过程当中，阅读和写作不平衡的现象成为常态。对于记叙文阅读的讲解，更加注重对内容的理解和感悟，一般的记叙文常规课，教师倾向于带领学生梳理文章的脉络和层次，让学生理解这篇课文写的是什么、写得怎么样，对课外阅读知识的拓展也是为了增加学生对课文的感悟，很少延伸到写作；对于记叙文写作的讲解，教师会根据自己的教学经验选择合适的主题，借助优秀的作文范文，分析作文如何立意、如何选材、如何构思，很显然阅读和写作都是按照各自的教学目标在进行。此外，根据对部编版初中语文单元作文训练的梳理，我们发现教材中的作文主题和本单元的阅读主题是一一对应的，然而有的教师在教学过程中却人为地割裂了这种联系。

（二）记叙文读写结合流于形式

1. 教师读写结合教学缺乏有效整合

记叙文的概念在文学理论中并没有被明确地记载，而是在教学当中衍生出来的文体，在教学的过程当中，有的教师并不会特意地去进行区分。在语文教学当中一般有三大文体——说明文、议论文、记叙文。通俗来讲，对于写人写事、抒发情感、表达道理的这种文体，我们就可以简单地把其看成是记叙文。出现在部编版初中语文教材当中的课文，大部分是名人名篇或者经典文章，从独立文学作品的角度看，这些记叙文当中包括了很多体裁，有小说、叙事散文、新闻稿、名人自传，等等。不同体裁的侧重点不同，通过什么样的授课方式使学生更好地接受这些文章的内涵和情感，都是需要教师仔细琢磨和考虑的。而且这些篇目的作者处在不同的时代，每一篇所表达的都是创作者的所见所闻所感，每一篇课文的思想感情、框架脉络、语言、感受都是独一无二的，教师在教学的过程当中机械化、模式化地进行读写结合的教学方法往往事倍功半。大部分的教师在进行记叙文阅读的教学过程中，将概括文章大意、划分段落、体会思想感情当成固定的程序和步骤。大部分按照这种模式进行讲解的教师深受应试教育的影响，往往不能因材施教，虽然也将应该教给学生的知识传授给他们，但是这样的方式不利于素质教育，教授学生们知识，但是没有教给他们学习语文的方法，学生也体会不到文学作品的美，更加体会不到语文学习的乐趣。因此，教师在教学过程当中应该立足于具体文本，发挥教材的最大价值，仔细研读教材，找到适当的读写结合的知识点，做到有效教学，不做无用功，只有这样才能做到真正的"因材施教"，让学生在学习课文的过程中发现每一篇课文的不同之处。例如莫怀戚的《散步》表现角度新颖，故事虽然平凡且普通，但是文章的情感却在作者娓娓道来中表达得淋漓尽致，在乡间小路的岔路口引发的关于生活的思考，让我们也沉浸在作者的这种简单的幸福之中；杨绛写《老王》，不仅写老王的不幸和善良，也写自己作为旁观者对老王发自内心的关心与愧疚，行文的线索清晰，在平凡琐碎的事件中有条不紊；莫泊桑笔下的《我的叔叔于勒》，小说故事情节跌宕起伏，把人性的自私和丑陋表现得淋漓尽致，不仅深刻地抓住了读者的同情心，还展示了社会的多角度。有的教师在进行记叙文作文教学时也存在着模式化的问题，无论什么样的话题作文都能用同样的教学方式进行，学生难免对写作失去兴趣。虽然这些写人记叙文都在选材中以小见大，叙述中有详有略，描写中多抓住细节，都有着许多共同之处，但是我们在结合具体的文本时还是应该关注每一篇文章的独特之处，挖掘这些独特之处存在的读写结合点，这样才能真正建立学生与每一篇课文的密切联系，让学生体会感受其与众不同的地方，感受语文学习的乐趣。

2. 读写结合形式单一

有的教师在教学过程当中存在教学方式机械化的问题，对不同体裁的课文采用同样的教学方式，当然也有一部分教师能做到因材施教，尽可能地找到写作和文本的结合点，运用读写结合的教学方法。但是由于缺少理论和实践的指导，教师也是在摸着石头过河，处于逐渐探索的阶段，因此读写结合的形式较为单一。根据我们对部编版初中语文教材记叙文篇目课后练习的整理，简单粗略地将这些习题划分为四大类：积累类、模仿类、评价类、创造类。根据对老师们课堂教学的观察发现，教师更加侧重对积累类和模仿类的课后习题的写作练习，评价类和创造类的写作练习很少进行。特别是对于创造类的写作练习，因为没有具体的要求和方法，考试判卷的标准也是言之有理即可，大部分教师和学生都会认为它非常简单，很少在课上练习，在这方面教师的指导也是少之又少，导致课上读写结合练习的模式比较单一，大部分都是对文章或段落的仿写和改写，并没有体现出对不同课文的针对性练习。

教师在进行读写结合教学时，时常运用的读写结合教学方式就是对文章或文章中某一段落的改写和仿写，形式较为单一。而且也存在着并没有将读和写真正结合在一起的教学问题，将阅读的目标和写作的目标单纯地放在同一节课上完成，就单纯地认为是完成了读和写的结合，产生这种教学行为的原因是教师并没有真正地理解读写结合的含义。这样的课堂教学往往没有连贯性，没有贯穿整节课的目标和线索，相当于阅读的目标和写作的目标"各自为政"，并没有起到相互促进、共同进步的作用，因此也就产生不了高效的语文学习过程和结果。与此同时，教师如果没有在整个教学过程的最后指导的环节中发挥应有的作用，对学生作业的反馈也并不是很及时，这就导致学生们不能及时且清醒地认识到自己的错误和问题，甚至会自信地认为自己全部正确。这对于培养学生的积极性和对自己有清楚的认知存在不利的影响，与读写结合的理念背道而驰。

（三）学生记叙文读写结合缺乏系统训练

一般语文课堂的教学过程分为备课、上课、课外作业的布置与批改、课外辅导，在教学过程的这几个环节当中，上课的部分是最能表现读写结合教学方法实施情况的环节，但是任何一堂成功的课堂教学都应该是完整的。因此，读写结合的教学方法应该贯穿整个教学过程，如果只在课堂教学中呈现，那一定施行得不够全面。通过对教师的调查和访谈，我们发现教师对读写结合的使用很少在备课中体现出来，教师对读写结合教学方法的使用往往是主观的、随意的，并且缺少计划性，因此课上即使应用读写结合的教学方法进行授课，也很少将对这种方法的使用延续到课后作业的布置和批改，或者教师直接将读写结合的部分在不加以指导的情况下留到课下进行，对作业的检查也只是检查是否完成而不是检查是否符合要求。这样就没有将读写结合的教学方法贯穿到整个教学过程当中，就很难完全实现教学效果。

有的教师对部编版初中语文教材中的单元作文练习的利用率并不是很高，没有按照教材的编排体系进行，在记叙文阅读课中的写作练习很少从宏观上考虑本单元的作文主题。在记叙文写作课中，有的教师也很少指导学生如何应用教材中课文学会阅读，更关注课外阅读材料的拓展。

二、读写结合在初中语文记叙文教学中存在问题的原因分析

（一）教育环境偏重应试教育

中国长久以来的教学模式——应试教育根深蒂固，对于我们这样的人口大国，教育水平也称不上发达，应试教育的教育模式在特定的时代背景中是有着其积极的意义的，也实现了教育大国的梦想。长期以来，学生、家长把成绩作为评价一个人好与坏、是否成功的标准，那么自然学校和教师的培养目标就是以提高学生的成绩作为教学目标，我们所推崇的选拔人才的唯一制度就是考试。但是随着时代的进步、社会的发展，应试教育渐渐地已经不能跟上时代的脚步，"分数至上"的教育观念被越来越多的人质疑。

于是接踵而来的课程改革、素质教育都在提倡要注重学生的全面发展，但是应试教育的影响由来已久，大部分的家长和教师并没有从根本上接受素质教育的培养方式。尽管在20世纪90年代就已经提出了"素质教育"的理念，

各个中小学校也都在稳步地践行着"素质教育"的理念，旨在改变以应试教育为目的的填鸭式教学，教师和家长也都能看到应试教育的弊端，对新时代青少年的培养应该更加注重德、智、体、美、劳的全面发展，然而素质教育理念的提出并没有从根本上解决问题，这并不是一场彻底的教育改革。虽然我们一直在推崇素质教育，不能以成绩的好坏去评价一个学生，应该看到每一个学生的优点和长处，然而教育方式的改变并没有带来相应的考试制度的变化，现在仍然把考试作为选拔人才的主要手段。相反的是，升学压力越来越大，因此，考试成绩仍然是家长和教师最看重的一项考核标准，甚至在有的学校将学生的成绩和教师的考核直接挂钩，让教师不得不把眼光投向学生的成绩。面对繁重的教学任务和教学压力，教师对于教学方法的研究和应用也只能是心有余而力不足。

（二）教师读写结合能力欠缺

学生是教学过程的主体，教师在教学过程中起主导作用。虽然一堂完美课堂的呈现是需要教师和学生一起配合完成的，但是在当前教育模式下，显然教师发挥的作用更大一些，特别是对于教学方法的使用，教师发挥着重要的引领作用。通过对教师的调查和访谈，我们可以发现，教师对于读写结合教学方法是有一定了解和认识的，但是认识的深刻程度还是有所欠缺的。大部分教师能够认识到读写结合的重要性，但是由于种种条件的制约，教师读写结合的能力有所欠缺：一方面，教师在繁重的教学任务和教学压力之下，没有时间去提高自己的教学能力和教学水平；另一方面，教师缺少在读写结合方面的理论和实践指导。因此，教师在运用读写结合教学方法时，往往片面地理解读写结合的含义，将阅读的目标和写作目标割裂开来，失去了读写结合教学方法的整体性。

（三）学生受固有教学模式限制

语文学科是一门包含着丰富知识的学科，并且它带着鲜明的特色，不同国家的"语文"具有不同的特色。中华文化源远流长、博大精深，有多少优美浪漫的神话传说、脍炙人口的民间故事都浓缩在语文的文本当中，它们是学生了解中华优秀传统文化的重要途径，学生理应对语文学习充满了兴趣。但是很多调查显示，语文学科并不是很受欢迎，特别是越高年级的学生越觉得语文是一门枯燥乏味的学科，导致学生渐渐失去了对语文学习的兴趣。学习生字词、诗歌、文言文、阅读、写作，学生把其当成了语文学习的固定模式，甚至很多学生表示不明白为什么学习语文，觉得学习语文没什么用处，没什么好学的，语文也没什么好讲的。常言道"兴趣是最好的老师"，然而学生失去了对语文学习的兴趣，也就失去了探索语文的欲望。一部分对自己是否喜欢语文呈模棱两可的态度，一部分学生对语文阅读比较感兴趣，也会自主阅读课外读物，但是大部分学生不喜欢写作，并且不喜欢将读写结合的教学方式运用到教学当中，对阅读和写作喜欢程度的差别，也不利于教师在教学过程中运用读写结合的教学方法。大部分学生对阅读和写作的紧密联系关系能够理解，对阅读和写作相互促进也有一定的认识，但由于他们在阅读和写作方面的兴趣不足、基础薄弱，读写结合教学方法的开展存在一定的阻力。在阅读教学过程当中，对于教师固定教学模式概括文章大意、划分段落、分析情感，学生们表示熟悉得不能再熟悉，上课没有新鲜感，影响语文学习的兴趣；对于写作课教学过程中，分析优秀范文，梳理出写作方法，学生们表示对自己写作意义并不大。

（四）阅读教学中，缺乏向写作的迁移训练

在阅读教学过程中，部分教师为了节约教学时间，一般采用讲授法，重点讲解表达方式、修辞手法等相关理论知识，很少让学生在课堂中做到读写结合练习，不能体现读写结合教学时效性的要求。在《走一步，再走一步》案例中，教师带领学生理清了文章的故事情节和情感脉络，教给学生一些写作技巧，却没有引导学生把所学的知识迁移到写作实践中；在案例《台阶》

中，教师为了节省时间，采用一问一答的讲授方法，带领学生学习相关写作技法，但也没有进行相应的写作训练。

教师受传统的"阅读本位"观念的影响，语文教学中经常出现就阅读讲阅读的现象、就课文讲课文的教学方式。教师在教学中注重机械做题，注重阅读技巧的讲解，注重培养学生的阅读能力，但忽视了读写之间的联系，造成了阅读教学与写作教学两张皮，不能让阅读教学为学生作文助力。教师不注重读与写之间的联系，学生更是把阅读的积累与写作的提高分开来看，在阅读时，忽视写作素材的积累；在写作时，又觉得无话可说，这样将阅读和写作完全分离开，是造成语文教学费力、低效的一个重要原因。

第四节　读写结合在初中语文记叙文教学中的优化策略

一、潜移默化中深化师生认识

只有教师和学生在教学过程中相互配合才能呈现出理想的教学课堂，在教学过程中，学生是学习的主体，教师在教学活动中起主导作用。根据对教师和学生的调查和访谈，我们可以发现，他们对读写结合的教学方法并没有太深刻的认识和看法。因此教师和学生还应该加强对读写结合教学方法的理解。语文教师在记叙文读写结合教学中要尊重学生的主体地位，充分调动学生的主观能动性，激发学生的学习热情。只有充分协调好教师的教与学生的学，读写结合教学才能实现其最大价值。

一线教师一般有着丰富的教学经验，每天都在和学生的交流和沟通中不断成长和进步，不断摸索着适合学生发展的教学方法和教学模式，但是实践还需要理论指导。首先，教师应该深入学习一些有关教育理论方面的图书，深化对读写结合教学理念的理论引领。在实施部编版初中语文记叙文读写结合教学时，需要语文教师能从理论层面上充分意识到阅读教学与写作教学相结合的重要性和对语文教学的促进意义，而不是在应试教育的框架下将阅读和写作相结合。其次，要在教师对记叙文读写结合教学法有正确认知的基础上引起对读写结合教学法的高度重视，让教学过程的每一步都能有理可依。在教师采用初中记叙文读写结合教学方法和策略时，也应该让学生明白这样学习的理论和依据，让其明白其中的道理，而不是一味地接受教师的灌输，充分挖掘和利用部编版语文教材中课文范例的读写结合教学资源。师生在相互交流中探索读写结合教学法如何更好地实施，促使学生和教师都能成为教学过程的"主体"。

任何科目的学习都是需要一定过程的，语文学习更是如此，不可一蹴而就，更不可急功近利。在教学过程中我们强调将初中语文记叙文阅读和写作教学结合在一起，通过阅读带动写作、写作促进阅读的方式，达到语文教学整体性的要求。要将读写结合的教学方法渗透到语文教学的过程当中，这是一个漫长的过程并且还在探索当中，读写结合教学法也不可能取得立竿见影的效果。读写结合教学法并不意味着学生在学习完阅读之后就能掌握文章的框架和语言，并且内化为自己的知识进行运用，从而提高自己的作文水平；也不意味着通过写作的方式马上就能提高学生对文章的理解能力。读写结合教学方法的真正目的，是能够提高学生将阅读和写作联系在一起的意识，能将语文看成是一门整体的人文学科，能慢慢培养学生自主学习的良好习惯和能力，在潜移默化中获得语文知识。

例如对写作材料的选择、对细节之处的描写与捕捉文章语言的精彩之处等方面，这些都需要作者长期的体会和仔细地观察。所以读写结合教学法是一种教学方法，更应该是内化于教师和学生心中的自我要求，让阅读和写作互相配合共同促进学生语文素养的提高，不能一味地、强制地套用教学模式，而应该在潜移默化中感悟读写结合的真正内涵。

二、有效利用部编版教材，科学进行教学设计

部编版语文教材的编写工作从2012年开始，历经 4 年之后投入使用，新教材的编写考虑多方面的意见，反复地审核和调整，相比其他版本的教材具有很大的优越性。温儒敏教授总结了部编版语文教材的三个总体特色："体现社会主义核心价值观，做到整体规划，有机渗透接地气，满足一线需要，对教学弊病起纠偏作用。"新教材的编写是在考虑教育改革背景、学生的心理阶段特点、教学规律等多方面的条件编写而成，既符合语文教育的规律，又有利于提高教学效果。教材是教师在教学过程中最重要的参照工具和辅助工具，是教师进行教学设计的基础和前提。根据对部编版初中语文教材的分析，我们可以发现，新教材在编排中注重整体性和联系性，特别是对于阅读和写作两部分，两者紧密联系在一起。所以在进行教学设计和课堂安排时，要尊重教材，树立整体意识，看到阅读与作文、阅读与单元、作文与单元、单元和整本书之间的关联性，并且尽可能地充分挖掘教材当中每一篇课文的教学价值，允许教师的自我发挥但是一定要以尊重教材的编写为前提。教师的任务不是完成某一课，而是要着眼于整个单元教学目标，将阅读课与写作课融合在一起。对于记叙文阅读课文的教学，教师不仅仅是讲阅读，还要联系到本单元作文练习的统一当中，学会知识的有效迁移，将其有机地结合在一起。对于记叙文作文的教学，教师不仅仅是讲写作的框架和技巧，也要注重结合本单元的阅读篇目，重在理解与感悟，吸取记叙文阅读篇目的精华和营养，而不是将目光全都放在课外阅读素材的积累上。教材中选择的每一篇课文都是教育专家和学者们考虑多方面的因素精挑细选出来的，学习的价值毋庸置疑，与其根据教师的教学经验选择更多的课外阅读资料，不如深入地挖掘课内的资源。重点在于教师能不能领会教材编写者的编写目的，将教材的教育价值充分地发挥出来。

在充分把握部编版教材的基础上进行科学的教学设计，任何一堂优秀教

学案例的呈现不是靠教学过程当中的随机应变，而是主要靠教师在教学过程的每一个环节都充分地进行考虑和研究，既要考虑教学的知识性，也要考虑课堂的趣味性，还要考虑不同年级教学设计的特殊性。首先体现在备课上，有些应用读写结合的教师没有将教学方法的使用体现在备课的环节，单纯地依靠在教学过程中的随机应变不利于教师准确把握学情，教师应该尽可能地将可能的教学情境进行预设；对于教学过程的设计要具有整体性和科学性，注意课与课之间的衔接；课后作业要根据学生对本节课的理解程度适当布置，作业的批改要及时。教师除了要关注课堂教学的知识性以外，还要注重课堂教学的灵活性和趣味性，兴趣是最好的老师，吸引学生的注意力，培养学生的兴趣也要一直贯穿语文课堂之中。此外，教学设计应具有特殊性，不同年级的教学设计侧重点也有所不同，七年级的读写结合注重学生对生活的感悟，培养学生的语文学习兴趣和学习习惯；八年级的读写结合注重语文学习方法的掌握和学习能力的提高；九年级的读写结合注重学生综合素质和创造能力的培养。

三、以读促写、以写促读双管齐下

根据我们对初中语文记叙文教学课堂的观察可以发现，在记叙文教学中仍然存在阅读和写作联系不紧密、教学形式单一和缺乏系统性等问题。针对课堂教学所表现出来的实际问题，我们必须要提出针对性的策略，促进阅读和写作的均衡发展，全面提高学生的阅读和写作能力，以读促写和以写促读必须并驾齐驱，实现初中语文记叙文教学课堂的读写结合。从认知心理学的角度看，"阅读是根据文本信息来激活脑中原有图式，或在原有图式基础上形成新的图式；写作则是根据作者的写作意图和构思来激活脑中已有图式，再对这些图式不断筛选、组合，最后形成新的文章。"所以阅读和写作是互为基础和前提的，学生要首先通过阅读形成图式并且不断丰富图式，但是这种图式的形成不是永久的，要经常通过写作来激活和巩固这些图式。由此可以看出阅读和写作是紧密联系、相互促进的。

阅读和写作是语文学习的两个重要部分。我们经常从阅读当中汲取营养、从优秀的阅读作品当中积累经验，也会自觉或不自觉地模仿优秀作品的写作风格进行创作，遇到好词好句也会自发地抄写在本子上，时不时拿出来欣赏，不好理解的文章或句子我们会把它抄写在本子上反复琢磨。这些行为在某种程度上都可以视为读写结合的形式，但是读写结合体现在教学当中需要一个完整的体系，而且各个部分之间一定要保持平衡。

在对教学过程的观察当中，我们发现不同的教师对读写结合的理解不同，在教学的过程中使用的读写结合教学方法也不同。有的教师认为写作普遍是学生的短板，对读写结合的教学方式更加侧重以读促写、多读多写；有的教师则认为语文学习不应该如此功利性，语文学习的最终目的是增加学生对生活的感悟、增加人生的厚度，对读写结合的教学方式更侧重以写促读，重在培养学生感悟的能力。单一地运用这两种读写结合的教学方法，将它们分开进行与实施是不科学的。阅读和写作是密切联系的两部分，以读促写和以写促读都是读写结合教学方法不可或缺的一部分，这两个部分也都应该有自己的运行模式和规律。阅读是知识的输入，写作是知识的输出。通过以写促读的这种读写结合方法促进阅读质量的提高，应该让学生成为学习的主体，调动他们学习的积极性。中学语文课堂所承担的教学任务不是把每个学生都培养成能进行文学创作的作家，而是在课堂教学的时间和空间内使学生了解语言、应用语言，并且通过语文学习培养能够运用语言文字表情达意的能力，让学生掌握读写结合的方法并且具备读写结合的能力。对以写促读方法的应用应该贯穿整个教学过程始终，在学生进行预习的时候就应该将这种方法贯穿其中，引导学生在课前对文章进行阅读。特别是记叙文阅读篇目，可读性比较强，教师稍加引导大部分学生能完成预习的工作，并且要将预习工作落到实处。学生可以根据查阅图书和其他相关资料的方式，写下对这篇文章的理解或者是看完这篇文章给自己的最深刻的体会，使学生在正式学习之前有整体的感知，也可以通过画思维导图的方式清楚地体现出课文的提纲。勤于练笔可以帮助学生发现自身阅读方面存在的问题，但是有的同学感悟力差，这就需要针对性地练习。在教学过程当中教师应引导学生进行评论性和创造性写作，对文章精彩的段落摘抄和总结。在记叙文教学过程中，对以读促写常见的几种形式——缩写、续写、扩写、改写和仿写——教师要根据不同阅读篇目的特点进行合理应用。这些方法都是针对写作能力的分项训练，而学生需要完成一篇完整的作文，则需要综合考虑。

四、根据单元主题，找准读写结合点

（一）根据单元教学任务，明确教学目标

记叙文在人教版初中语文教材中所占比例较大，编者将记叙文按照主题思想编排在教材不同的单元。每个单元根据不同的主题设计了"单元助读提示"与"写作导引"，将阅读教学与学生作文联系起来，为教师在教学中运用读写结合教学方法提供基础。"单元助读提示"在内容和方法上为学生的阅读学习提供指导，帮助学生理解阅读文本。"写作导引"部分以教材文本为案例阐释写作理论知识。在语文教学中教师应充分整合课本资源，明确单元读写结合教学目标。

人教版初中语文教材七年级下册第二单元，选取了《阿长与〈山海经〉》《台阶》和《老王》等经典阅读范文，该单元对应的写作要求为"抓住细节"。教师在讲解这一单元之前借助"单元助读提示"的内容介绍："上一单元我们所学的课文向我们揭露了非正义战争中残杀无辜的暴行，让我们感到悲痛，同时我们会产生这样一个愿望：再也不能让人类之间的残杀延续下去了，应该让世界充满爱。接下来这一单元学习就会让我们感受到'爱'这种伟大的感情，让

我们体会到人间的温情。本单元的课文都是关于'小人物'的故事。这些人物虽然平凡，且有弱点，但在他们身上又常常闪现优秀品格的光辉，引导人们向善、务实、求美，其实，普通人也一样可以活得精彩，抵达某种人生的境界。同时，在学习的过程中我们要'注意熟读精思，要注意从标题、详略安排、角度选择等方面把握文章重点。还要从开头、结尾、文中反复及特别之处发现关键语句，感受文章的意蕴。'"从中可以看出，"单元助读提示"不仅概括了本单元课文的主题内容，还重点指出了每一单元文章的特色以及阅读学习的重点。这一单元的写作主题是"人人都献出一份爱"，让学生以"博大的爱"为内容写一篇记叙文。综合以上"单元助读提示"和"单元写作主题"的要求，我们可以看出两者是相互呼应的。所以在本单元的教学中，教师可以确定本单元的读写结合点为：记叙的表达方式和语言。比如：《阿长与〈山海经〉》的语言特色是：有的含义深刻，有的诙谐幽默，有的感情浓烈，细细品味，妙趣无穷。教师在阅读教学时可以重点带领学生体会这一语言特色。在阅读的教学过程中，教师可以引导学生重点分析课文的叙述、描写表达方式的综合运用，一方面能够帮助学生准确理解文章语言特色促进学生的阅读；另一方面，以阅读文本为范文，重点讲解这一写作技巧，提高学生的写作能力。在学习这一单元之前，教师可以让学生先写一篇文章，让学生重点体会表达方式和语言特色的使用。学生在自己独立完成作文的过程中，能明确自己在写作中遇到的困难，找到自己写作的欠缺与不足，从而使学生的学习更具有明确的目标，能够在学习中查缺补漏，积极借鉴范文的长处来提高自己的写作水平。

（二）单篇阅读教学中穿插写作方法，挖掘读写结合点

语文教师应该根据课程标准的要求，在明确教学目标的基础上，深入挖掘单篇范文的写作特色，明确读写结合点，提出具体的写作要求。教材中的每一篇阅读范文都有自己的独特写作特色，教师应根据文章特色提出不同的写作任务。教材中有很多写人记叙文，但是每篇文章在刻画人物上都有着自

己独特的表现手法和技巧，具有典型的代表性，教师可以以此来指导学生进行作文训练。

比如，《台阶》一文在细节描写和语言表达方面独具特色。教师在教授本文时应重点引导学生学习作者善于抓住最能反映人物性格特征的细节来写，细节贵在精而不在多，文中选取的父亲洗脚、踩黄泥等细节描写，都很好地表现了父亲的勤劳能干，为我们塑造了中国传统农村典型的父亲形象。本文语言平淡朴实，但却饱含真挚感人的情感。在阅读教学的过程中，教师重点引导学生品味朴素语言中饱含的真挚感情。在本课的学习过程中，教师可以让学生描写父母让自己感动的一个小细节。在作文训练中，学生可以进一步消化吸收课堂上学习到的写作技巧，可以感受到在记叙文写作中，朴实无华的语言与真挚的感情结合在一起，也可以让人为之动容。

在讲解教材中优秀范文的过程中，教师结合单元记叙文写作训练重点，挖掘出每一篇阅读范文的读写结合点，引导学生将学习到的写作技巧运用到作文训练中，不仅能提高学生的记叙文写作能力，也能够加深学生对课文的理解，通过读写结合教学方法促进学生读写能力的共同提高。

五、拓展创造性阅读进行创新性写作

创造性阅读是指"学生能够跳出阅读范文，基于课文的内容提出新问题、发表新见解。教师可以引导通过视角变换、想象续写等写作形式进行创新性作文训练，构建自己对文本的创造性理解并进行有创意的表达。"

（一）视角变换

阅读教学提倡多角度的阅读，在记叙文的学习中学生可以变换人物的视角来进行叙述。在多角度阅读的过程中，为促进学生对文本的创造性阅读，教师可以引导学生进行创新性的写作，来深化读写结合训练。

如《走一步，再走一步》这篇文章，作者叙述了自己童年时一次"脱险"

经历，并表达了由此引发的人生感悟。这篇课文折射出了"我""父亲""杰利"及同伴"四个孩子"的态度与行为，教师可以指导学生变换视角，进行多角度阅读。在教学的过程中，教师可以引导学生选取自己喜欢的角度进行创新性写作。这篇课文是以第一人称"我"的视角来叙述的，教师可以要求学生变换视角，从其他人角度来改写文章精彩部分，从而促进学生对人物形象的体会以及对文章主旨的领会。

（二）想象续写

续写是创意写作的一种形式，学生可以对自己阅读过的所有文本进行续写。续写要求学生必须对文章原有的内容和故事情节了然于心，准确把握文章中人物的性格特点，并且对全文的中心思想有透彻的了解，遵循故事原本的叙述角度，或是文章原本的思路和脉络，进行合情合理的扩展和延伸，续写出新的内容。续写的情况有两种，学生可以选择把一篇没有写完、留有悬念的文章补充完整；还可以选择给一篇已经写出结尾的文章添上续篇。但在续写时，作者要充分尊重原文。例如，续写中涉及人物性格特点的部分，务必要做到与原文描述的或倾向的人物性格特点一致，即使有变化，也要作者在自己的文章中设计得合情合理。续写，要求学生充分发挥自己的想象，合情合理地设计接下来的故事情节，给文章添加一个精彩的结局。基于七年级孩子的好奇心偏重，在课堂续写训练时以《皇帝的新装》为教学课例，在课堂伊始，便把动画人物、照片和漫画引入到了课堂，"激活一地春水"后，重点放到了打通读写的"链接通道"之上。引领学生在"老大臣"例文片段中游走，带领他们对文本进行深度解读。层层深入，慢慢浸润，最后引导学生续写结尾：虚伪、愚蠢、傲慢的皇帝已经明白自己上当受骗了，可还仍然腆着大肚子神奇地进行着游行，完全不顾周围的震荡人心的声音。当游行结束，皇帝有何想法和举动？骗子他们又会有什么行为发生呢？请同学们展开合理的想象，为文章续写一个结尾。让学生在"学中说"，在"学中写"。

第三章　初中语文读写结合实效的实践探讨

第一节　初中语文读写教学的理想与现实目标

一、初中语文新课标中阅读教学的理想目标

新课标中关于阅读和写作教学的目标很具体、很全面，但这毕竟是很理想化的预达目标设想。在现实的阅读教学中，新课标中的那些美好的目标愿望，总让人感到如镜中花、水中月一般难以企及。

初中语文新课标中关于阅读所达到的目标共有十几条之多。阅读目标涉及范围广、内容多，但是从众多的目标中，发现最突出的是关注学生对课文的语言描绘能否转化为具体的形象感觉方面的能力。比如目标中有"感受课文语言所表达的思想情感""从课文中找出感受最深刻的句子或段落""就课文的内容、语言、写法提出自己的看法和疑问""体会课文中的一些句子的深层含义""用摘录或制卡片等方法积累阅读的材料"，等等。这些目标无不证明了以培养学生的语文素养为核心的现代阅读教学观。语感就是对语言文字的敏锐的感觉，这是一种能力。

语文新课标倡导"重视培养学生广泛的阅读兴趣，扩大阅读面，增加阅读量，提高阅读鉴赏品位"，提倡要多读书，少做练习题。强调教师"加强对课外阅读的指导，创造展示交流的机会，营造人人爱读书的良好氛围"。

一句话概括，就是关注学生的语文整体素养。

二、初中语文阅读教学的现实目标

（一）现实中的阅读目标指向

部分中学教师热衷于积极钻研语文考试命题的新动向，有的更关心的是围绕中考命题范围进行教学，而不是从提高学生本身的素养着手。

例如，教师会依据中考的阅读文体的变化，只紧抓小小说、散文、说明文或简单的议论文进行专题强化训练。所谓强化训练就是平日不注重贯穿对阅读能力的训练，只有到中考复习时，找一些专题文章阅读讲解，帮助学生总结考题类型及答题技巧。

考试本来只是一种手段，但现实中，考试却成了最终的目的。考试命题对学生的学习有着不可低估的潜移默化的导向作用，它于无形中引导师生把精力完全放在了应试上，读写听说等能力的提高成为空话一句。这与新课标的精神相违背不说，当全心付出后，面对考试结果时，成绩其实总会让人失望。于是教师只能大呼，学生怎么越来越笨，书怎么越来越难教了。怎样才能在新课标的指引下，提高中学语文阅读实效很值得我们思考。

（二）现实阅读教学的目标指向

1. 目标广泛化

现实中语文成了无所不包的学科。不仅会涉及政治思想性的内容，还会涉及地理、历史、天文知识，甚至还涉及美术、音乐、体育等方方面面的课程。从教学的有效性来看，语文课会对语文素养中的非功用性的一面关注太多，这会造成对语文特有功能素养的淡化。

2. 目标狭隘化

这样的目标仅仅指向考试，考什么教什么，怎么考怎么教，所有目标为培养会考试的人而设定。所以我们常常看到的是语文阅读教学变成了多做练习题的训练。从短期来看，学生的收效不错，但从学生的终身发展来看极其有害，学生成了做题的机器，汉语言的文化传承、文章所蕴含的精神滋养弱化了。

3. 目标随意化

同一篇课文，可以有不同的教学思路。设计点不同，目标也会不同。不同的老师执教，教学目标自然也相差很大。这是因为缺少客观的统一标准，很大程度上造成了语文的随意性。

三、写作教学的理想与现实目标

（一）初中语文新课标中写作教学的理想目标

初中语文新课标中可见明确要求的写作目标有10条之多。其中要求比较具体、强调最明显的是一定要有真情实感，能写出各自的独特感受。比如"写作要感情真挚，力求表达自己的独特感受和真切体验""多角度地观察生活，发现生活的丰富多彩，捕捉事物的特征力求有创意地表达""根据表达的中心，选择恰当的表达方式；合理安排内容的先后和详略，条理清楚地表达自己的意思""写记叙文，做到内容具体；写简单的说明文，做到明白清楚；写简单的议论文，努力做到有理有据；根据生活需要，写日常应用文""能从文章中提取主要信息，进行缩写；能根据文章的内在联系和自己的合理想象，进行扩写、续写；能变换文章的文体或表达方式等，进行改写""有独立完成写作的意识，注重写作过程中搜集素材、构思立意、列纲起草、修改加工等环节""养成修改自己作文的习惯，修改时能借助语感和语法修辞常识，做到文从字顺。能与他人交流写作心得，互相评改作文，以分享感受，沟通见解""作文每学年一般不少于14次，其他练笔不少于1万字。45分钟能完成不少于500字的习作"，等等。另外可以看出，要在初中阶段训练学生一定的记叙文、说明文和议论文的写作能力，还要求学生能够对课文进行扩写、续写；能变换文章的文体或表达方式，进行课文改写。课标中还涉及写作达到的要求，比如修改与互评及多少时间内完成多少字数，等等。

在新课标的写作目标的指导下，教学中要求注重培养学生表达和创造的能力。要求学生不说假话、空话和套话，要敢说真话、实话和心里话，并且抵制作文的抄袭行为，提倡学生自主写作，鼓励自由表达和有创意地表达。重视引导学生在自我修改和相互修改的过程中提高写作能力。要重视写作教学与阅读教学、口语交际教学之间的联系，善于将读与写、说与写有机结合，相互促进。要关注作文的书写质量，要使学生把作文的书写也当作练字的过程。

（二）初中语文写作教学的现实目标

1. 现实中的写作教学目标定位

初中的语文写作教学的目标很单一，有的教师就是围绕如何才能获得高分而有针对性地去指导训练，很少考虑学生是否表达了自己的独特感受和真切体验。比如，教师也会让同学多积累，多摘录，但目的是把背背记记的内容搬到自己的作文中。教师更关心的是学生的书写是否认真、作文字数是否达标、文章的形式结构是否完整、写作手法运用是否多样、词句是否优美等，至于新课标写作中要求学生"说真话、实话、心里话，不说假话、空话、套话"，并且抵制抄袭等行为的引导较少落实，有些教师甚至错误引导学生背几篇不同主题或风格的佳作以备考试之需。从这些现实的写作目标可见，这与新课标的写作教学要求有很多不一致或相违背的地方。

2. 现实中作文教学目标引发的问题

现实中作文教学目标引发的最严重的问题是，作文教学指导的过程扼杀了学生作文的创造性。尽管素质教育已经由呼声正在转向行动，但步履维艰。只要是一线教师或者有一些实际调研经历的人都明白这种情况。现行的教育体制使大多数学校表面上大搞素质教育，实际上仍是应试教育，这种"素质教育软、应试教育硬"的现实，使语文教学必然走应试的路。应试教育就是做题，于是不管是课堂上还是一些有关作文指导的书上，大讲特讲写作技巧，使得学生写出的作文千篇一律，没有生气，没有个性，长期下去，学生的创造性也被磨灭了。

综上所述，从新课标的阅读和写作目标看，我们就会发现，阅读和写作之间总有千丝万缕的联系，无法割裂开来，阅读中有写作、写作中有阅读，它们是你中有我、我中有你的亲密关系。无论从阅读教学还是写作教学的目标来说，总有理想的一面，但现实就摆在那。一方面，既想通过它们表现语文的人文性，另一方面，又想通过它们证明语文的工具性。一方面，有人说语文教学不应该怀揣功利性，另一方面，语文教学又不可能不涉及功利性。怎样才能在读写教学中既做到思想的统一又能提高中学语文的读写实效？

四、语文课标对读写结合的要求

我国语文课程的目标和内容是围绕"语言文字的运用"来设计的。《义务教育语文课程标准》中阅读目标和写作目标相互渗透，阅读目标中渗透着写作技能、写作目标中渗透着阅读要求，两者有着非常密切的联系，可说是相辅相成。

（一）阅读目标渗透写作技能

阅读目标渗透写作技能，以第四学段（初中）阅读目标为例，第2条要求学生阅读中对重要词句进行体味和推敲，这样就能够让学生在写作中注意炼字，而注意重点词句在语境中的作用，能培养学生选用合适的语言来表情达意的能力。

第2条还要求学生对课文的内容和表达有自己的心得和看法，能运用合作的方式探讨、分析、解决疑难问题，不仅能锻炼学生阅读理解能力，也能锻炼其写作思维能力。课标还要求学生在阅读中去了解各种表达方式（第3条），这样的了解可以直接帮助学生写作中去运用，"读"帮助"写"。另外，对于学生能加深自己对文本的理解，用语言表达自己的感悟和体验，课标也有明确规定（第4条），显然这能提高学生言语表达能力，促进其写作水平的提升。

（二）写作目标渗透阅读要求

而写作目标渗透阅读要求，参考第四学段（初中）写作目标，第7条"注重写作过程中搜集素材、构思立意、列纲起草、修改加工等环节，提高独立写作能力"显然需要阅读的帮助，学生只有通过阅读文本才能积累广泛的写作素材，其写作才有"源头活水"。第5条要求学生"写作时考虑不同的目的和对象"，指出了写作时应有读者意识，又围绕中心恰当表达、合理安排内容详略以及写作中运用联想想象等学习目标，学生想要达成，则必须去阅读大量范文。参读范文可以帮助学生明确应该如何考虑读者需要，如何围绕中心组织文章结构恰当表达，如何做好行文有详有略，如何利用联想、想象丰富文章内容，"读好"然后"写好"。

第5条对应的语文课本中的写作文体教学，需要结合相应阅读范文明确其文体特征，参照范文学习如何写作相关文体，如果没有这些具体的学习，学生的文体思维和文体写作能力是不可能得到有效提高的。第6条，其要求的对文章的缩写、扩写、改写都必须凭借阅读文本来进行，都是以范文为基础的写作训练，这一目标直接体现了读写结合的学习方法观。

此外，课标的"教学建议"中，明确提到教师应充分认识语文课程工具性与人文性是统一的，从培养核心素养出发，把握四个方面整体交融的特点，设定教学目标时既有所侧重，又融为一体。注意在识字与写字、阅读与鉴赏、表达与交流、梳理与探究的过程中，整体提升学生的核心素养。注意教学目标之间的关联。要重视写作教学、阅读教学、口语交际教学三者之间的联系，读与写结合，说与写结合，相互促进，共同帮助学生提高语文能力。"评价建议"关于写作过程性的评价，要引导学生通过观察、调查、阅读等多种途径和方法搜集材料，重点考查学生在语文学习过程中表现出来的学习态度、参与程度和核心素养的发展水平。可见，语文课标对学生的读写结合学习有着清楚而明确的指引，这给我们课堂的读写教学指明了方向。

第二节 初中语文读写教学的现状调查

一、主观上教师、家长、学生不够重视

（一）教师方面

首先，老龄教师是教学的主力军，这些教师头脑中装有很多滞后的观念，他们中有的认为语文就是读读背背，有些教师缺乏语文专业学科的学习，有时会因为学校人员搭配不均，学校领导随便调配其他非语文专业老师来开展语文教学。

其次，语文教师习惯阅读归阅读来教、写作归写作来上，教师更热衷按篇按单元展开课文教学，一个单元完毕后，部分教师会根据单元中的写作要求适当要求练习，一般只会提几项要求，就交给学生去写，有的当堂完成，有的会放在周末回家完成。这样交上来的作文，往往质量大打折扣，多数学生草草了事，应付差事而已。而面对上交的作文，教师也只是随便看看打个分数，很少有针对性的评语，更不用说当面批阅了。

再次，教师在教学方法上不得法，阅读教学时什么东西都往课堂上灌，唯恐学生漏听了知识点。在作文教学时，又爱用理论的要求去讲解，在开头如"凤头"、中间如"猪肚"、结尾如"豹尾"等等技巧上纠结。教师只一味地关注一成不变的知识点，而很少落实知识是怎么来的、该如何运用等。学生更能接受的是教会他们怎样读、怎样写的实践指导。当然，一些教师自身

也缺乏阅读和写作素养，自然也就无从谈起有一个很好的指导了。

1. 教师对学生学情分析不足，需要改进

教师在把握学生学情方面还存在着不足之处，学情不明，则会使教师的教学方向发生偏差，一不小心就会南辕北辙、缘木求鱼，对教学产生消极影响。因此，在学生学情分析方面，教师必须加以重视，将其视为自己教学的前提，争取在全面了解和分析学生学情的基础上，部署相关教学任务，针对学生的困难进行教学，以此提高教学效果，促进学生读写能力。

2. 教师对学生课内读写结合学习重视不够，应当加强

教师对于阅读与写作的关系认识比较准确，都认为读写结合有其可取之处，对学生的阅读与写作学习帮助很大，但是，他们的兴趣似乎多在于以课外促课内，即提倡课外多读和课内多写的读写结合形式，忽视了其中读写结合点的处理，流于泛泛而谈。教材中丰富的可以利用的读写结合资源被忽视，这显然是不科学的。要知道课堂是教师进行读写结合教学的主要阵地，教材资源是学生接触最频繁的读写结合学习材料，放弃了它们就意味着教师放弃了一种最重要的读写结合教学方式。实际上，教师进行读写结合教学时，不能放弃课内主阵地，应当注重让学生学习课内阅读文本的相关读写技巧，再迁移运用到课外，以此帮助学生提升读写综合素养。

3. 教师应提高自身读写素养，创造性地进行读写结合教学

在读写结合写作形式上，教师们采用多种多样的形式让学生进行读写结合训练，这一点处理得恰当，容易激发学生写作兴趣。但如果教师要以讲解的方式来指导学生进行写作练习，抑或教学过程中学生主要依靠自身领悟力来掌握相关的读写知识，则表明教师在读写结合过程中指导方面还做得很不够，亟须加以改进。教师应当注重在学生读写结合训练过程中依据学生需要及时介入，为学生搭建学习支架，帮助学生顺利完成学习过程，让其树立起信心，享受到收获的喜悦。教师自身也要不断学习，提升相关

素养，有效指导学生的读写结合学习，解决好学生的写作兴趣和写作动力问题，加强对学生阅读与写作学习的方法引导，以身为范，重视分享读写经验给学生，只有这样，语文读写结合教学才能走上一条康庄大道。

（二）学生方面

学生的时间也不充裕，如果老师不要求，学生是很少到图书馆去借书的。另一方面，有的学生没有多余零花钱，舍不得买课外读物，所以能够真正找课外图书来阅读的学生不多。有的教师对阅读的反馈信息没有去落实。另一方面，有的学生缺乏阅读兴趣。学生在周末更多地热衷于上网玩游戏，即便有时间也不愿意拿起书本走进阅读的世界。一些学生即便读，也是找一些肤浅的娱乐杂志等打发时间。

学生读写结合意识不强并且学习习惯不好，亟需改善。阅读与写作学习中，阅读方面学生反映的困难主要是对于作品的鉴赏能力较差，体悟不了思想情感和缺少言语概括能力；写作方面主要是缺乏素材、语言表达能力不足和布局谋篇能力弱。这些情况通过读写结合学习是能够得到有效改变的。可是在调查中，笔者却发现就学生群体的调查统计结果来看，学生读写结合的意识不强，在其观念当中"读"的学习和"写"的学习往往是分离的、各自为政的。学生谈及提高自身读写水平的方法，鲜有从读写结合层面来认知的，他们或认为应该多读，或认为应该多写，思路比较狭窄，意见不统一。因此，教师应当重视用读写结合的方式引导学生学习，从阅读中积累素材、语言、语篇结构形式，从写作中练习言语表达和概括能力、体悟情感能力，读写互促，从而提升阅读与写作素养。

笔者还发现学生比较忽视在课内学习读写结合相关技巧，反而希望通过扩大课外阅读量积累写作材料以及课内外结合多写多练的方法提高自己的阅读和写作水平。这就有些舍本逐末，因为毕竟课堂才是学习的主阵地，再加上教材选文都是文质兼美的经典作品，其中的选材方法、言语表达、修辞技巧、布局谋篇等都值得学生借鉴学习，所以作为教师，应当重视传授课内阅读文本中的读写技巧给学生，让学生先立足于课内学习，再延伸至课外，以此来纠正学生认识上的偏差，使他们的学习终有所获。

大部分学生认为读写结合对自己是有帮助的，但其读写结合的学习习惯却并不好，没有什么兴趣和动力。比如，不注重从课后习题提示和"写作知识导引"汲取养料来帮助自己的读写学习，尽管认为语文教材中的阅读范文能够有助于写作，并认为好词好句摘抄、仿写、改写、读后感、文学评论等读写学习形式的训练有利于提高自身读写水平，但在实际学习过程中却不太愿意去做。基于这种情况，教师应当以身为范，重视分享自己的读写经验给学生，着力解决好学生的读写结合方法引导问题、写作兴趣和动力问题，让其在学习过程中树立起信心，养成读写结合的良好学习习惯，最终享受到收获与成功的喜悦。

（三）家长方面

特别是有些家庭，父母忙于生计，无暇顾及孩子，孩子的学习全部交给学校，交给老师。家长每周跟孩子见面时谈话的内容也大多围绕考试成绩，少有家长会问及孩子的阅读或写作情况，只看作业本上是勾多还是叉多，看看分数是多少，作文内容是很少看的，因为大多家长也提不出什么建议，更不用说在指导作文方面会给孩子具体的指引。因为经济状况和教育理念不同，有的家长舍不得给孩子钱买课外读本，有的孩子假期从学校借课外书回家看，家长看见了还会批评责骂，认为孩子读课外书浪费时间，不能促进学习。

二、客观上社会、学校急功近利

（一）社会方面

特别是身处农村的孩子，家庭经济条件不如城里孩子那样好，不可能拥有充分的课外图书和自己的书房。农村家庭里的孩子绝大多数从小就缺少图书，这很容易错失了阅读兴趣培养的关键期。到了上学的年纪，面对的又是虽提倡"素质教育"实则很难改变"应试教育"的社会现状。

还有，社会上存在一种普遍的认识，就是认为学好理科是关键，于是数学、物理、化学成了被重视的学科，至于语文不需要花费大量时间，投入多而收效慢，付出与得到不成比例。这种重理轻文的观念已经根深蒂固，一下子还真不那么容易改变。

（二）学校方面

作为学校，声誉好否关键看升学率，为此学校自然要加强应试能力的训练。要取得一个好成绩，学校的管理就必然会过细过严过紧，因为凡是强调应试成绩，学生的长远发展自然会被忽略。在校园里，从班主任到语文教师，也都还没有足够重视学生的课外阅读，甚至视读课外书是不努力学习的表现。经常可以听到一些任课教师会说某某同学课桌上放了什么课外书，言谈之意是该生心思没有放在学习上。他们的观点是读好课本知识才是硬道理，别的书都是闲书，不必耽误学习时间。面对现实，语文教师尽管希望学生多阅读，但时间也舍不得留给学生，所以要求学生"多读"也就成了一句空话。面对这种尴尬境地，语文的阅读活动只能局限于课堂课本。

三、加强初中语文读写结合教学的必要性

（一）从新课标对阅读的要求来看其必要性

新课标中指出，认识世界、获得审美体验的重要途径就是阅读。教师要为学生的阅读实践创设良好环境，充分关注学生阅读的主动性、多样性、独特性，尊重学生个人的见解，应鼓励学生有批判质疑的精神。课标强调教师不能在点拨的时候将自己的分析讲解强加给学生，不能影响他们的独立阅读。课标中还指明阅读的过程是发现作品意义的过程，由于对作品的鉴赏是一个具有个人色彩的主观性活动，所以教师要鼓励学生用自己的情感体验作品，有利于个人修养的提高、知识的积累、情感的丰富，而这些都是提高学生个人写作水平的重要依据。

新课程语文标准对初中生的写作要求是："多角度观察生活，发现生活的丰富多彩，能抓住事物的特征，为写作奠定基础。写作要有真情实感，表达自己对自然、社会、人生的感受、体验和思考，力求有创意。"能具体明确、文从字顺地表述自己的意思。能根据日常生活需要，运用常见的表达方式进行写作。读无以致用，对自己的写作当然也就没有多少帮助了。学生作文要想插上飞翔的翅膀，还有赖于广泛而扎实的课外阅读和丰富而深厚的内化积累，以及长期而大量的实践训练。

（二）从阅读对写作的重要影响来看其必要性

叶圣陶先生认为，写作前的准备工作即阅读做到位了，写作也就不难了。"准备工夫一点儿也没有，或者有一点儿，可是太不到家了，拿起笔来样样都得从头做起，那当然很难了。"著名历史学家陈垣说过，读书遇到有价值的地方需要熟读甚至背诵。他要求学生读后写读书笔记，并且检查读书笔记情况，挑出写得好的加以表扬，请学生朗读，或张贴于光荣榜，以激发学生阅读和写作兴趣，以此来提高写作能力。

读写能力是学习和工作的重要条件，必须着力培养。我们认为，抓住阅读和写作这两项最重要的语文素质，就抓住了语文教学的主要矛盾，其他问题就可以迎刃而解。

（三）从中考满分作文获得者个案来看其必要性

在查阅了多地区中考作文满分者的经验交流资料后，可以总结出这些作文高手胜出的根源是平日的大量阅读。在这样确凿的事实面前，我们的语文教学就更要在大语文观的指引下，把课内外阅读纳入语文教学的轨道，从而提高语文学习的效率。从对那些中考高分作文进行的分析中，我们获得了很多有关读写结合的启示。

怎样才能更好地发挥读写的效果，在读时能很好抓住所读中的"写点"，在写时极大地发挥写中可读的"读点"？怎样才能探讨出一些适合初中语文的读写结合教学实效方法呢？这得依据学校的具体实际而定。

教师在阅读教学时锁定阅读中利于写作的阅读指导，写作时指导利用阅读鉴赏时的利于写作的知识结构。阅读时，为了指导写，阅读教学中的读就偏重于关注鉴赏方面，这是一个从鉴赏到模仿，再到自如创作的过程。

第三节　初中语文开展读写结合的理论依据

一、学习迁移理论

学习迁移指的是一种学习对另一种学习的影响，或者是已习得的经验对完成其他活动的影响。任何一种学习都会受到学习者原有的知识经验、认知结构、态度等方面的影响，只要有学习，就存在迁移。

学习中的迁移是有条件的，学习迁移理论中的共同要素说认为只有当学习情况和迁移情境存在相同要素或共同成分时，一种学习才能对另一种学习产生影响。这些相同要素和共同成分，不仅包括内容或实质上的相同，还包括程序的相同，内容、程序、事实、行为、态度和原则都可以成为相同要素。

阅读和写作之间可以迁移就是因为它们之间存在着相同的要素，比如说阅读中学到一个修辞手法，在学习内化吸收后，完全可以在写作时使用在自己的文章中；阅读和写作知识可以迁移到其他过程中，或者在阅读和写作两者间进行，因为它们是相类似的或者存在共同的成分，尤其是可以为学习其他内容准备有用的认知支持。

读写结合有其内在的联系机制，奥苏伯尔强调"一切有意义的学习都是在原有学习的基础上产生的"。学习迁移理论认为学习活动是建立在已有的知识经验之上的，利用已经掌握的知识去获得新的经验和能力的过程，可以认为是广义的学习迁移；而学到的新的知识和体验也同样会丰富旧的知识及体验，新知识也可以是对旧知识的一个补充和延伸，比如我们常说的"举一反三""触类旁通"等就是这个道理。教育心理学所研究的学习迁移是狭义的迁移，特指"前一种学习对后一种学习的影响或者后一种学习对前一种学习的影响"。迁移理论进一步说明从阅读迁移到写作以及写作迁移至阅读的必要性。因此，教师应在讲解课文内容的同时贯穿文中遇到的写作知识点，并适当地引导学生当堂练习，这样会加深学生的学习记忆，通过"读写学习迁移"的教学过程，有利于帮助学生塑造更完整的认知结构。教师在阅读教学的过程中传递写作知识，并训练学生写作，通过对章法结构、表达方式、行文结构等的讲解或者仿写训练，以提高学生的写作能力。

学习迁移理论对读写结合教学有以下重要的启示。

1. "迁移"作用除了会在相同类型学习的经验内部发生外，也会在不同类型的经验和学习中发生，就像学生训练阅读技能的同时提高了写作能力，而写作技能的掌握也将促进学习者获取更多的阅读技巧，因此在课堂中教师应充分利用学习迁移的原理来调动学生各板块的学习。

2. 学生学习的最终目的一定不是将所学到的知识和经验保留在大脑里面，而是要将所学到的知识经验运用在许多不同的实际情景中，以此解决现实中遇到的众多问题，只有通过不断地迁移，原来拥有的知识经验才会得到一定的改造，才能够更加具有概括化和系统化，因此才能更广泛有效地调节某些活动，从而来解决现实中遇到的众多实际问题。所以，建立一种牢固的调节机制，就是建立一种能力和品德之间的心理结构，迁移就是已有经验与知识等与社会规范向能力和品德转化的重要因素。迁移不论是对于教师还是学生来说都有重要的指导作用，应该用好该原则，学习者可以在有效的时间内更快更有效率地掌握知识。比如在教学时，教师需要合理地安排教学内容，语文课本上的知识必须有所侧重，在给学生讲解阅读知识的时候尽量迁移于写作之中，在训练写作时也有必要去设计阅读内容，可以以已知到未知、由易到难等顺序去引入新内容，将学生现有知识迁移至将学的知识上，将现有知识与将学习内容相互贯穿相互迁移，学生才能更高效地掌握知识，达到举一反三的效果。

二、建构主义学习理论

建构主义学习理论主张学习是通过信息加工活动建构对课题的理解，个体是根据自己原有的知识经验来建构知识的；重视学习者的主动性、积极性和适应性，强调学习是学习者通过与外界环境的相互作用，主动吸收信息的过程，学习者是信息的主动建构者。阅读中，读者总是主动地对文字材料进行加工处理，力图用自己原有的图式去解释当前的信息，并试图将新旧信息进行整合，进而不断地建构起文章的情景模型。

建构主义理论认为，学习是学生自身通过学习构建知识的过程，而不是教师给学生输送知识的过程，所以阅读理解与写作都应被视为意义的建构、修整和形成。学生在这一过程中，不是被动吸收，而是主动建构信息和意义。对于阅读，学生可以通过阅读，研究各种不同体裁的文章，理解其内容、结构、意义和语言风格，不仅对如何写作文章会有深刻的认识，而且对可以"写什么"也会有相当的把握。写作可以介入阅读，学生通过写作可以更深刻地了解文本，为文本建构意义，明确某种类型的文本可以"读什么""怎么读"。斯蒂芬认为阅读和写作这两个过程在认知中存在着以下几方面的共同点：第一，阅读者和写作者在各自的活动中，运用原有的知识构建语篇意义；第二，书面语言机制向资料库输入信息，语言使用者在构建语篇意义时，从同一资料库里提取信息；第三，阅读者和写作者在将原有知识转换成语篇意义时，所用程序相同；第四，阅读者和写作者在构建语篇意义时，表现出共同的处理模式或能力。因此，读与写在建构"意义"

中就交融在一起了，学生阅读的过程是一种模拟作者写作的行为，而学生写作的过程也是一种模拟读者进行阅读的过程。基于建构主义思想，教师必须向学生强调：不论是为写而读，还是为读而写，两者之间必须进行不断的对话与合作。

比如学生学习写一篇记事文，就必须清楚记事的基本要求，事情要写明白，应当有起因、经过、结果，经过要重点写，叙述要详略得当。在没有参考过类似文本之前，他们很可能无从下手，因为其大脑知识结构中没有记事文的"样子"，他们没法操作"重点内容重点写""有头有尾""详略得当"。而通过学习相应的文本，这种窘境有望得到解决。建构主义理论认为，学生在阅读某些记事文文本的时候，头脑中就建构起了"记事文该是个什么样子"的认识，获得了自己对记事文的某种理解，这时学生作为读者实际上也是"作者"，他生产出了某一"认知产品"。当他写作"文本产品"时，肯定会直接或间接地受到已有的"认知产品"的影响，事实上就是去参考了其他人的文本，此时，作者实际也是"读者"。这样，学生在阅读和写作时，依靠两个过程之间的"对话"，"作者"和"读者"角色的不同体验，得以完成记事文的写作学习任务。在建构主义看来，此项学习读与写的过程是趋向于统一的，读、写在建构意义中紧密结合在了一起。

三、图式理论

认知心理学认为，人类从外界摄入的信息经过大脑编码后存储在长时记忆当中，但是，这些信息并不是散乱地分布的，而是经过组织和其他知识建立某种联系而储存。这种由各种知识要素的相互联系和作用而构成的心理网络结构就是图式。图式是信息组成的单元，包含一系列可以发挥各种不同功能的陈述性知识、程序性知识以及策略性知识，能够广泛运用于各种情境当中，个体之所以能对外界刺激作出这样或那样的反应，是因为其具有了可以同化这种刺激的某种图式。图式囊括了个体关于世界的所有知识，对于阅读与写作而言，起最重要作用的是语篇图式。

学者们一般认为，语篇图式有形式图式和内容图式两种形式。内容图式一般是指语言所搭载的相关信息，其中包括相关事物以及内容的知识图式。而形式图式，是有关不同类型文章体式特征方面的知识，即"怎么表达"和"表达之间差异"的知识。现代图式理论认为，学生写不好作文，既不是因为缺少写作材料类的陈述性知识，也不是因为缺少写一般作文的程序性知识，而是缺少了文章写完后应该是"什么样子"的知识。这类知识就是图式。每一种与文体相关的图式都提供了学生写作的言语、内容、修辞等方面的"样子"，没有这些图式，学生自然组织不好文章。

以图式理论指导学生的阅读与写作学习，意味着学生可以先通过阅读不断激活头脑中原有的相应图式，同化、顺应、强化原有图式或在原有图式基础上形成新的图式。写作时则通过明确自己的写作意图，激活头脑中已有图式，分析和运用，以帮助自己写成文章。阅读与写作在图式这种心理机制上的联系，为读写结合提供了依据。其实，用图式知识来帮助学生进行写作学习，在历代的写作教学中已有许多范例。比如宋代谢枋得的《文章轨范》，虽说只是一本古文选评集，但其选评目的是指导士子科举考试，因此选文按照学习写作的先后顺序排列，其评点注重对文章修辞法、技法的挖掘，向学生示之以"法"，以帮助其理解文意，掌握写作技巧。在图式理论看来，这本著作的功能发挥方式应是这样的：首先是建构，通过阅读，学生头脑中已有的好文章的"样子"和文本中示例的"样子"交互作用，在其头脑中形成了新的言语图式；其次，有了新的图式以后，不仅学生欣赏好文章的水平提高了，并且明确了好文章可能是或应该是哪个"样子"；最后，写作时，学生搜索头脑里已有的各种认知结构（图式），依据问题作出选择，分析、比较、运用，从而达成特定的写作任务。此外如民初谢无量编的《实用文章义法》、抗战前夕夏丏尊与叶圣陶合著的《国文百八课》，莫不是想在提高学生的图式水平上用力，希冀学生能用阅读提高自己的图式水平，从而顺利写出想写的东西。

四、认知结构迁移理论

认知结构迁移理论是奥苏伯尔于1963年基于有意义言语学习的理论而提出的认知理论。一切有意义的学习都不能离开原本的认知结构而产生，不受原有认知结构影响的有意义学习是不可能存在的。因此，有意义的学习活动必然包括迁移，即以认知结构为中介，获得的新经验，通过影响原有认知结构有关特征对新的学习产生影响。并且在这个过程中，要取得较好的新知识学习的迁移效果，相应的认知结构应该具有较好的稳定性、较好的可利用性和较好的辨别性。

依据这一理论，我们可以认为，学生在阅读学习任务或者情境中获得的知识、技能、方法、情感、态度等会对其写作学习任务中知识、技能、方法、情感、态度等的获得产生影响，反之亦然，因为这两者的认知结构有着非常相似的观念与组织形式，两者具备互相迁移的条件。比如，阅读作为一个理解的过程，学生能够通过获取信息、拓展知识，获得对他人用语言文字所表达的思想和情感的理解力，而要做到这些，学生一方面必须掌握关于字、词、句、段、篇章结构等的基本知识，也要具有对文章所描述事物的基本知识，包括一般生活常识、文化知识、社会历史知识等，另一方面还需要掌握有关"怎么做"的知识，即阅读技能的知识。而在写作表达中，这些类型的知识同样是必需的，学生写作中的文字表达既要知道能写什么、写什么好，也要知道该怎么写、怎么操作。正是在读写可以共用某些知识要素这一点上，其相互间的迁移才有了可能性和必要性。因此，日常语文教学中，无论是进行阅读训练，还是进行写作训练，促成其双向互动和交流是非常必要的，只有读写互促，而不是单向运行，才能真正提高读写课堂各自的效率。

第四节 探讨初中语文读写结合教学实施策略

一、如何寻找合适的结合点

阅读是吸收的过程，而写作则是表达的过程。注重语言的积累、感悟和运用是语文教学的任务。人教版义务教育课程标准教科书一直坚持从读学写、读写结合、以写促读的编写特色，并不断改进发展。读写结合点怎么确立，需要根据课文的特点、学生的实际、单元主题和课后"研讨与练习"来定。

（一）根据课文的特点

课文的表达特点不同，读写结合点自然有别。例如，学习散文时可以从中领悟到许多表达的方法及作用，从课文的结构上做一些把握，讨论一下题目的含义，以及写景方法及修辞手法等；在教小说体裁时，可以开展人物的刻画方法、环境描写的作用、情节的展开是怎样进行的等方面的学习；在现代诗歌的学习中，又可以关注诗歌的结构美、音韵美，还有洗练的语言及情感的抒发，等等。这些都可作为读写的结合点进行教学。

（二）符合学生的实际

语文课程标准指出，语文教学要符合学生身心发展的特点。要根据学生生理、心理以及语言能力的不同发展阶段，采取合适的教学策略。比如，对于刚刚进入中学的七年级学生，要依据他们作文水平的实际，着重围绕最基本的要求，训练纪实和想象作文，有一定的段落安排设计，行文有真情实感。到八年级时，则可以指导学生学习选取几个最具代表性的事件或几个生活片段来表现一个人的某一方面或某几方面的特点。一方面要在平时的阅读教学中关注学习在记叙和描写中穿插抒情和议论的写作方法，另一方面还要注意引导学习段落间的过渡语言。九年级则应该加强对细节的关注，掌握行文思路及结构技巧，尝试不同角度立意、升华主题等方面的训练。

（三）切合单元主题

课文虽然可以作为读写结合的载体，但其主要方面还是阅读。因此，读写结合点的确定应该与单元阅读训练的重点一致。

如人教版七年级上册第二单元是以"亲情"为主题，在设计时就可以先从阅读中找出最能打动人的地方，让学生加以自己的切身体验，从文章中体会亲情的丰富性和多样性。在阅读教学时，教师指导学生以朗读后圈点的方法勾画出值得借鉴的写法。例如学习《散步》中的首尾呼应、以景烘托情感的特殊效果。在单元的写作、口语交际和综合性学习中，主题就是围绕"我爱我家"展开，可以由一张老照片的故事说起，也可以由家里的一件珍品说起，还可以说说妈妈的唠叨，等等。在学习了一个主题单元后，又结合单元活动的具体提示，对本单元各篇文章可借鉴的地方进行实践训练。

八年级语文第二单元以"爱"为主题，在设计时就可以从阅读上整体感知每篇文章的内容，阅读散文时，要透过"形"抓住"神"，体会作者所要表达的思想情感，要抓住文章的结构和线索（文脉），要注意欣赏优美的语言，体会作者是怎样把自己对生活的感悟或生活经验通过状物、记人、写景等方式表达出来。教师教学时还可以引导学生关注以个人抒情为主，把抒情、叙述、议论熔为一炉的表达方式；用心学习从细处落笔、小中见大的写作角度；在单元学习篇目中，依据各篇的典型表现手法，选择突出常见的表现手法赏析和学习借鉴。在一个单元学习之后应该趁热打铁，学习本单元的一些写法，主题也尽可能地与单元相一致。

（四）扣住课后"研讨与练习"

人教版课后的"研讨与练习"是为了帮助学生从整体上把握课文，学习课文最精彩之处。在设计上与课文紧密结合，大量开展口语交际与书面语表达的实践活动，实现听、读与说、写的结合，从而在语文实践活动中培养学生的语文能力。比如，七年级上册二单元《夏感》的"研讨与练习"安排的三个题：1. 在作者笔下，春天就像一幅幅美丽的图画。有感情地朗读课文，看看课文描绘了哪些春日图景？你最喜欢哪一幅画面？说说你的理由。2. 课文读起来富有童趣，又带有诗的味道，清新，活泼，优美。你有没有这样的感觉？试试找出一些段落细加品味，并跟同学、老师分享你的体会。3. 作者把春天比作"刚落地的娃娃""小姑娘""健壮的青年"，你怎样理解这些比喻？你还能发挥想象，另写一些比喻句来描绘春天吗？还比如七年级上册第六单元《皇帝的新装》的课后"研讨和练习"三的设计一是：1. 说真话需要勇气，有时还要付出代价。思考一下，如果你当时也在游行现场，会怎样做呢？然后结合生活体验，讨论关于说真话的话题。2. 有条件的班级，可以尝试将这篇童话改编为课本剧并表演。从以上题目的设计可以看出编者贯穿的以读促说、以读促写训练；还有以文章主题进行联想拓展，写一写片段作文。这些设计都是极好的。

　　由以上对课文的个别抽取情况可以看到，课后"研讨与练习"无不是可以很好利用的读写结合的材料精髓。作为教师不应该忽视它们的价值。因此，教学时要扣住课后"研讨与练习"中的表达（说、写）训练，设计读写结合点。

二、阅读教学

（一）概述

　　阅读教学通常指向的是文字、语言、技巧和思想，这些教学内容总是服务于阅读的，属于鉴赏层面，几乎不能影响学生的写作。究其根本原因，首先是教师忽视文本写作的营养吸收；其次是未能根据程序性知识有效展开作文训练。其实，无论哪个版本的教科书，都是优秀的语言、思想、结构、技能等的汇集，有很多的地方值得我们借鉴模仿。遗憾的是，有的教师往往只到欣赏层面，然后就零碎地从考题上进行剖析，文本潜在的写作功能常常就这样被无端地漠视了。教材的编排也不总是围绕读写展开，往往五篇课文才配一个综合性学习（人教版初中课本），于是教师只好隔段时间根据单元主题的要求或者自己随性给个题目让学生写篇作文就算是作文教学了。这样的作文教学没有计划、没有体系、没有序列、没有指导，甚至压根儿就没有要求。试想一个连目标都不明确的教学行为，怎么可能实现理想的教学预期效果？在这种情况下，教师能够有一套与学校及学生实际相结合的教学计划、目标、要求以及方法，显得尤为重要。

（二）教学中提高读写结合实效的几种常用方法

1.模仿法

读写结合的主要方法是模仿法。语言的学习总是从模仿开始的，要模仿写和说，不断提高语言表达能力。在阅读教学时，教师可引导学生对课文的精彩之处进行仿写。在二十几年的语文教学实践中笔者发现，有的学生对基础知识虽然掌握得非常扎实，却写不出像样的文章来，究其原因是，读写各自孤立，不能紧密结合。模仿包括句式表达、开头结尾、过渡照应、段落构成、表现手法等。模仿的材料需要教师精心选择，应该选择那些特征明显的片段作为读写结合的"点"进行仿写练习。为此，笔者在语文教学中除了让学生掌握基础的语文知识外，还注意从课文中选出读写结合点和模仿点，给予适当的指导，让学生在读中悟写，真正落实读写结合，对于学生的习作水平提高很有帮助。在遣词造句上的模仿，每篇课文学习结束后，教师可以给学生指出一些比较好的词语、句子和段落，要求学生背诵，并且有意识地在写话和作文中加以运用。每一个单元结束后，再围绕这个单元的主题让学生把一个单元的优美词语、句段整理分享，再初步学习运用。

例如，在上《散步》这篇课文时，让学生在阅读课文后，回头留意文中自己认为较好的词句，用笔圈画出来。再给一定时间后，让学生表达自己的看法，说说好在哪里。学生能够找到"熬"字用得好，因为"熬"写出了母亲在漫长的冬天忍受身体上的病痛的不易。笔者顺势追问：难道只写出了母亲的不易？学生思考后，有的渐渐有所悟，从儿子的角度去思考一个"熬"字所体现的另一层含义，说"熬"还表现出儿子对母亲身体的担忧，可以看出孝心。文中的"摸摸""望""蹲"等字词也在大家的分析中逐渐有了味道。字词方面的品析，可以让学生学会作文时关注字词的斟酌，明白字词也是构成佳作的必备条件。《散步》这篇散文在句子上也是很值得品析借鉴的。课后有一个练习题，专门引导师生关注文中的对称句式。笔者让学生找出一些自认为好的句子，大多数同学会找到线标记出，课堂上让学生读一读，有些之前不知道什么是对称句的学生有所感悟，有所收获。

另外，分析课文的词语感情色彩和赏析句子的修辞手法是很好的一种结合角度。抓住重点词句，培养读写能力。诸多文本在课后会有相关设计，很值得去认真落实这些练习题，带领学生认真揣摩并细细品味它们。在结构段落上，教学实践中，笔者发现学生的作文结构零乱，随意断段或沿袭小学时候的三段式，行文中很难见到层次清楚、衔接自然的篇章。所以，教师应该引导学生在阅读中留意段落的层次如何展开，在写作时提出一些可以模仿的例段加以强化。在语文教学中，在读的基础上，教师要引导学生弄清每段有几句话，每句讲什么，再看句与句之间的关系，最后总结出构段的方式，进而把这种构段方式扩展和迁移到习作练习中。这样学生会比较容易理解段落结构的特点。教师在教学中遇到这方面的典型篇目要及时做写作上的迁移指导，让同学们及时仿照写作。

例如，《济南的冬天》一文可以引导总分结构的写法。文章先总写济南冬天的特点是"温晴"，后面分别写了济南的山和水，并印证了它们的"温晴"

特点。朱自清的《春》是一篇典型的总分总结构的文章。开篇总写"盼春",接着用五个并列段展示了盼来的春景,最后用了三个排比段对春进行了总结赞颂。在谋篇布局上,要求有细致的写作思路。篇章布局要做到条理清楚、层次分明,段落与层次安排很重要,过渡、照应也要巧作安排。文章谋篇布局还要讲究开头与结尾。

笔者比较重视谋篇布局中的开头和结尾的构思,还有中间部分的过渡句或过渡段的使用,也倾向文章要有细节亮点或是描写的亮点。比如《紫藤萝瀑布》就是一篇在谋篇布局上的代表篇目。在教学时,笔者在学生阅读之前引导他们关注一下开头段和结尾段,让学生阅读后试着回答一个问题:作者这样设计有什么好处?开头第一段是"我不由得停住了脚步"。文章的最后一段是"在这浅紫色的光辉和浅紫色的芳香中,我不觉加快了脚步"。阅读后,一些学生会感知到,开头这一段是以悬念开头,以此引出下文;当看到结尾时,部分学生明白了首尾呼应能够使结构显得完整。从作者的情感表达上来看,也从忧郁状态变得乐观从容了。在师生交流过程中,教师需要不断引导点拨。课后教师可以找一个时间段,让学生结合课文进行及时的模仿训练,加深印象。在阅读教学活动中,布置学生在阅读时对文章的人物细节描写或是环境描写多留心积累,学会感受这些描写带来的效果;课余将自己喜欢的句子或段落抄于专门的笔记本上,多读后尝试着模仿运用。

2.扩续法

扩续法就是根据课文的内容,加入自己的联想、想象,对原文进行扩写、续写、补写等训练。比如人教版七年级上册的丹麦著名作家安徒生的童话《皇帝的新装》,它写了骗子用根本不存在的布料、衣服向皇帝行骗,皇帝和大臣们都甘愿受骗并且骗人,最后皇帝赤裸全身在大街上游行,行文就此结束。阅读教学之后,就可以给学生一个展开想象翅膀的空间——给课文续写一个具体的生动的结尾。同时还可以仿照本文写一篇想象小说。适合续写的课文很多，比如《我的叔叔于勒》《变色龙》《孔乙己》，等等，只有教师善于发现读写结合点，对学生来说，建立在对课文理解之后，受情节的感染，再续写会更有发挥空间。

3. 改写法

书面表达在中考试卷中占有相当大的比重，无论教师还是学生对此都非常重视。很多学生对于写作深感头疼，因为不知道从何入手。为此，建议学生从对课文的改写入手。这样不仅能对文章的内容和思想情感的理解得到升华，还能体会表现角度及方法的不同会引起表达效果的不同。比如在学习了一些古诗或者现代诗歌后，就可以在赏析课文之后，对体裁进行改换，将诗歌的格式变换一下，改写成散文或者小小说都行。在这个过程中，学生可以体悟到不同体裁的样式，同时也能更好地拓展自己的语言表达空间，加入更多联想或想象的内容。比如人教版中的诗歌《木兰诗》（北朝民歌）和《乡愁》（余光中）都可以作为改写的好材料。改写其实也可以把文言文、古代诗词变成白话文来表达，这样不仅可以对诗词及文言文的内容更加熟悉，还能从改写中学习写作的方法、技巧。当然，无论哪种形式的改写，都要注意掌握文章主旨，分析文章结构，突出文章要点，明晰文章层次，语法要求正确，语言务必精练，句子上下连贯，言语合乎逻辑。这是一种很好的落实读后写、写时再读的结合过程。改写的教学方法能够充分地调动学生的写作与阅读兴趣。课文改写虽然在一定程度上能够培养写作能力，但它也有不足之处，它不能充分展现我们独到的思想。

4. 评议法

评议法也是读写结合的一种好方式。这种方式能很大程度尊重学生的主体地位，充分调动他们的积极性和创造性。这种方法可以放手让学生对课文进行研讨、探究、议论、评价，写读书笔记或读后感之类的文章，充分抒写学习所得、所思等。

例如在结束《秋天的怀念》的阅读教学后，笔者请学生说说课文内容让你联想到了什么。学生有的说让他想到了妈妈的爱，有的说让他想到了要像史铁生一样自强，也有说多尽孝，等等。还可以请学生说说从课文中学到了什么写作亮点。学生在独立思考之后交流得出：学会用动词、细节描写刻画人物，学会用省略号表达人物的情感，从结尾段学会了象征手法，等等。在学生交流讨论之后，再让他们将自己的想法通过读书笔记或读后感的方式写出来。

在学生自由发表感想的时候，不仅表达了主体的感受，也在交流中互相吸收知识。在阅读和写作教学过程中，教师应充分发挥学生的主动性和积极性。

5. 引申法

引申法就是以课文为基础，引发话题作文、材料作文或其他的写作训练。这样做，不仅可以达成阅读教学的情感态度和价值观目标，还可以成为学生表达的好时机。

在《秋天的怀念》的教学尾声，笔者说：又一个秋天，当作者面对母亲的遗像，他会说些什么？请你把他想对母亲说的话写下来，念一念。学生稍做思考后，沉浸在写作的状态中——看着他们滔滔不绝地用笔抒发着自己的情感，笔停不下来时，我知道那是因为同学们走进了自己的写作世界。当收回他们的写作片段后，发现他们很有话写。比如他们写道："妈妈，您放心吧，我和妹妹都很好。我们每年的秋天都会去看菊花，只是看到菊花就很想您！""妈妈，对不起，我曾经让您操够了心，如果有来生，我一定会好好孝敬您。""妈妈，您看那满园的菊花，那就是您啊，那样淡雅，那样高洁，那样热烈，那样深沉，那样泼泼洒洒！"这只是一个简单的举例，但这也说明了恰当地对课文进行引申写作，可以极大地调动同学们内心的表达欲。从同学们的写作内容中可以看出：课文的阅读教学之情感态度和价值观目标达成了。关于写作的引申，还有就此以"母爱"为话题展开写作，或者是另给一些相关亲情的材料，布置同学们提炼选材写一篇作文，等等。

　　一句话，只要教师有读写结合的意识，并善于发现结合点，有选择、有重点、有计划，长期不懈地采取恰当的方法紧抓读写练习，使每一次训练都能落在实处，长期下去一定会收效颇丰的。

第四章 初中议论文写作教学中的读写结合问题研究

第一节 初中议论文写作标准及现状

一、初中议论文写作标准

议论文写作的目的是发表观点、主张，评论是非曲直，它不是独白，而是开放的、有对象的对谈，是合乎规则的、有条理的、得体的、经得起检验的思想表达。理性是议论文及其写作的重要特点也是其价值所在。培养初中生议论文写作能力的主旨在于让学生能够对事物或问题进行分析和评论，表达自己的观点、立场、态度、看法以及主张。

在整个初中阶段的议论文教学中，根据教材的安排，根据教材编写者的意图，教学的要求大致是这样的：

1.初步理解什么是议论，能够区分议论、记叙、说明三种不同的表达方式；

2.初步懂得什么叫论点、论据、论证，着重学习摆事实、讲道理的论证方法；

3.在议论时，注意有条理，语言准确，能灵活运用夹叙夹议的论证方法；

4.在学习正面阐述观点的同时，初步懂得什么叫驳论，学习驳论错误观点的基本方法。

一个初中生，在写议论文时，如果能初步做到观点正确、明确、集中，事实材料或理论材料比较具体，且又有代表性，能证明观点，论证时又有一定的条理性，语言比较简洁、通顺，就可以认为是达到了要求。

二、初中议论文写作指导思路

（一）方法点拨一：因果分析法（探因分析法）

因果分析法就是从因果关系上把论点与论据联系起来。具体说，就是对事例中的行为，沿着"为什么"这条思路，探求其根源，发现其本质，使内容逐步深化。

思路：为什么→是因为

关键：找准因果关系，将原因与观点对应起来。

方法：这种方法，就是在列举事例的基础上，分析产生这一事实的直接或间接的原因，这原因就是所要证明的观点。

论点：学会舍弃

1. 舍弃应该舍弃的，你便是智者

世界文豪高尔基在他的房间失火时，他没有像一般人一样顾及衣物、家具、财产，甚至没有顾及生命，从熊熊大火中救出的是几箱图书。因为他舍弃凡夫俗子眼中的财富，守住的是启迪心智、净化心灵的真正的财富。可见，正确的舍弃，使他的人格独具魅力，所以他是智者。

2. 舍弃应该舍弃的，你便是仁者

安徽桐城有一条"六尺巷"，起因是张、吴两家争地。张家主人乃当朝宰相，张老夫人写信给他，他回信说："千里修书只为墙，让他三尺又何妨。万里长城今犹在，不见当年秦始皇。"于是张家让出三尺，吴家深感惭愧，也让出三尺，便成了现在的"六尺巷"。正因为那位宰相舍弃了自己面子上的威严，以宽仁礼让的胸襟、大度能容之气概，化干戈为玉帛，才成就了"六尺巷"这段千古佳话。所以，没有超出常人的高风亮节，又怎会做出如此舍弃？（《学会舍弃》）

3. 不懂舍弃应变，可能引火上身

三国时的马谡乃蜀军一员大将，镇守街亭，他把二十万大军驻扎在高山上。久经沙场的老将王平力劝他撤离此山，理由让在场的将士信服，唯有马谡仍然坚持自己的意见，结果被司马氏围山断水，放火烧山，蜀军不战而乱，几乎全军覆没。马谡也依军法被处斩，身首异处。街亭为什么会失守？是因为马谡不懂兵法吗？不，他自幼熟读兵法，曾献计于诸葛亮，使其七擒孟获，平定南方边境；又离间曹睿与司马懿，使司马懿被罢官归田。马谡的失败，是因为他狂妄自大、固执己见，不能听取别人的正确意见。（《自信，但不能盲目》）

（二）方法点拨二：假设分析法

1. 假设分析法标志性词语通常为表假设性关系的关联词语：

如果（假如、假设、假若、要是、倘若）……就（那、那么、那就）……

假如……怎能……，若无……怎能……

2. 假设性分析，必须完整地引述事实论据，然后提出假设，并推导出与事实完全相反的结果。

例1论点：勤能补拙

小时候很笨而屡次失败的著名科学家爱因斯坦，毫不气馁，勤奋工作，最终登上了科学的顶峰；学生时代被视为最笨学生的我国数学家华罗庚，顽强拼搏，发奋学习，最终取得了辉煌的成就；国外留学时，因进校成绩差而被人耻笑的我国生物学家童第周，暗下决心，夜以继日地工作，最终成为享誉世界的学者。（论据）试想，若无几十年如一日的勤奋工作，哪里会有爱因斯坦相对论的问世？若无顽强拼搏刻苦自学的精神，哪里会有华罗庚在数学方面的卓越贡献？若无闻鸡起舞、坚持不懈地努力，哪里会有童

第周在生物工程方面所取得的令人瞩目的成就呢？（分析）可见，勤奋是能够补拙的。（观点）

例2论点：有志者事竟成

王羲之九岁开始练字，立志要做书法家，无论严寒酷暑，还是刮风下雨，从不间断。他在绍兴兰亭的一个水池边练字，池水都被他洗笔砚染黑了，他那俊秀飘逸的字体，千百年来被人们奉为瑰宝。（论据）假如王羲之根本没有想过要当什么书法家，只是平庸过日子，那他绝不可能有这么坚强的意志去练字，那么，王羲之也不会为我们后人所知。（分析）由此可见，立志对一个人来说是多么重要呀！（结论）

例3论点：笑对苦难，做生活的强者

2005年的春天，几乎所有的中国人都在为这样的一个人感动，她于无声处展现生命的蓬勃，手臂间勾勒人性的高洁。她就是用毅力演绎了《千手观音》的邰丽华。（叙例）笑对苦难，做生活的强者。假如，面对人生的苦难，邰丽华像温室的幼苗那样成长在别人的怜悯中；假如，面对人生的苦难，邰丽华像残秋的落叶那样，消沉在自暴自弃中；假如，她没有面带笑容去经历那么多血与汗的洗礼，那么她的生命怎么会被演绎得如此精彩？因此只有笑对人生的苦难，做生活的强者，我们才能充分享受人生的快乐，绽放出生命绚丽的光彩。

（三）点拨方法三：归纳分析法

含义：列举多个典型论据之后，归纳总结出它们的共同点，扣在要证明的论点上。

思路：归纳共性→揭示观点

关键：一句话概括多个论据；用共性、实质扣住论点

例1论点：踏实

曹雪芹在悼红轩中批阅十载成就千古奇书；齐白石印章的遒劲功底是

不分昼夜千刻万磨练就的；蒙娜丽莎的微笑背后有达·芬奇幼时画鸡蛋的刻苦……大凡拥有极高艺术造诣的人，其出神入化的表现力皆来自于踏实的功底。因此，可以说，艺术殿堂精美的纹饰是用踏实雕刻成的。

例2论点：贫困也是一笔财富

范仲淹两岁丧父，随母改嫁，幼时连稠一点的粥都难以喝到；司马光亦出身贫寒；明代大学士宋濂家中一贫如洗；凡·高也曾穷困潦倒，一文不名，生活上靠着弟弟接济；高尔基曾经是个流浪儿；居里夫人刚满十岁就外出打工，还供姐姐读书……（论据）这些历史名人都饱受贫苦的困扰，也正是幼时的贫困激发了他们的斗志，使他们更积极地去改变现状，最终成就别样人生。（分析）由此看来，贫穷并不可怕，可怕的是丧失摆脱贫穷的信心和斗志。穷则思变，就要奋发图强，越是贫困越激励人奋发上进，这又何尝不是一笔财富呢？

（四）方法推荐四——对比分析法

在叙述完事例后，对所叙事例进行比较，找出异同，强化所论述的观点，可正面比较，也可反面比较。

例1论点：只有坚持不懈地付出才能走向成功

左思为写《三都赋》闭门谢客，数载耕耘。三九严冬，笔耕不辍；三伏酷暑，意兴犹酣。多少白日，三餐忘食；多少夜晚，独对孤灯。"衣带渐宽终不悔"的执着，换来了丰硕的成果，《三都赋》轰动全国，一时洛阳纸贵。英国物理学家法拉第，为了揭示电和磁的奥秘整整奋斗了10年，10年中，他不懈努力，却不断地失败；不断地失败，却又不懈地努力。10年之后，他成为揭示电磁奥秘的第一人。左思和法拉第，不同时代，不同国籍，不同的研究领域，而他们成功的道路却是相同的——付出，无悔地付出。由此可见，只有不懈地付出，才会收获成功，才能轻嗅胜利的芬芳。

例2论点：好的集体不会埋没人才。

孙膑与庞涓同出于鬼谷子门下，他们都是不可多得的人才，但是当孙膑来到庞涓任职的魏国时，庞涓嫉妒他的才能，多次向魏王进谗言，以致孙膑被挖去膝盖骨，不能施展其才能。而齐王听说孙膑之才后，不惜代价，将孙膑请到齐国，委以重任，齐军才有了马陵道之胜。（论据）同是孙膑，为何会落得两种境遇呢？就是因为他效力于优劣不同的两个统治集团。在魏国，庞涓只为私利，妒贤嫉能，魏王昏庸，偏听偏信，且缺乏伯乐眼光。而齐王任贤用能，身边的大臣也不像庞涓那样谋私，因而上下齐心，孙膑在此，正得以发挥作用。（分析）可见，好集体不会埋没人才。（结论）

三、初中生议论文写作现状

学生在小学阶段，写得最多的是记叙类文章，以记人、叙事、写景、状物为主。但是议论文更侧重对事物的分析与自我表达。这是小学阶段学生所接触不多的。在学生的写作意识之中，议论文的写作比较陌生。也许一些学生会感到新奇，能够由被动地对事物进行描写转变为自由抒发观点。由于学生写作基础的薄弱，以及对议论这种表达方式的生疏，在写作之中会产生一些问题。根据学术界以往的相关研究和笔者的观察，初中生在议论文写作中经常出现下列问题。

（一）论点不鲜明

议论文写作，首先是确立论点。论点通常存在于题目中，能够让人一目了然；或许存在于题目所给文字或图画中，让学生通过阅读，然后进行整理，得出相应的论点。这就是对学生"审题能力""寻找关键句"能力的考查。如果学生具备这种能力，很容易就能写出论点，然后围绕论点进行写作。如果学生不具备这种能力，则会失去写作中心，让文章显得杂乱无章。

论点是否鲜明直接关系着议论文写作是否成功。所谓观点鲜明，指的是作者要在文章中表达的态度。态度必须明朗，持肯定、否定、赞同、反对的鲜明态度。语言须简练有力。当然，鲜明的前提是论点必须要正确，错误的论点自然不用继续去谈论鲜明与否。论点必须符合实际，符合客观真理，能被实践证明正确性，才能称得上正确观点。简而言之，论点就是有明显的判断语气的完整陈述句。语言简练、得体。如果不能够达到以上全部要求，论点就不够鲜明。

（二）论据无力

有了中心论点，并且开始坚定不移地围绕论点进行论述证明，一篇成功的议论文看似呼之欲出，但是，第二个容易被学生犯的错误就马上到了——论据无力。这个问题是初中生议论文写作中的通病。如果学生在写议论文的时候，没有典型的充分的论据，那么这篇议论文就显得苍白无力；如果只是列举几个毫无代表性的论据，就难以证明论点的正确性；如果学生只是举出几个抽象的想当然的论据，也根本无济于事。

学生提出有力论据的前提是对于论据的正确、充分的理解。如果对论据的认识和理解不充分甚至是不正确的，那么在运用到作文中的时候，难免会出现错误。这就需要学生具备相应的辨析能力。

学生在文章《毅力与成功》中写道："有的科学家耗费几十年时间，试验过上百种材料才攻克一座科学堡垒；有的文学家花费毕生精力才成就一部传世佳作；有的老师为了让学生成绩提高累出了满头白发。最后他们都成功了，可见只要坚持不懈就一定能到达成功的彼岸。"该生举出如此抽象的论据，可以说毫不费力，也就意味着毫无说服力。所谓论据，必须是真实、可信的，绝不是"想当然""也许""可能""有的"这类词语所能表达的。所以，想要使论据有力、充实、可信，学生必须下苦功，多读书，多积累素材和事例，才能写出赏心悦目的文章来。

（三）结构杂乱

一篇文章是否能够看起来让人赏心悦目，取决于文章的写作思路以及作者的语言功底，而文章的写作思路的体现就是文章的结构。换言之，一篇文章如果思路通顺，则它的结构必然合理，让读者也容易读懂；如果写作思路不通顺，则会让文章的结构显得混乱，读者阅读时也会一头雾水。议论文的总体结构思路是提出问题、分析问题、解决问题。而常见的议论文结构模式有：层进式、总分总式、并列式、对照式、综合式等。学生掌握不好结构，会造成结构杂乱。

例如，总分总式，开头点题，陈述论点，然后分别从不同方面以不同的论据分别对论点进行论证。笔者的一名学生所写的《提高消防意识》一文，开始写出"提高消防意识很有必要"是"总"。其后举例说明，每年因火灾造成的人员伤亡以及财产损失严重；各种场合存在安全隐患；经费有限，场所改建困难。依此来看，该生眼界较为开阔，从损失、场合、经费三方面论述有必要提高消防意识。但是紧接着，该生就写了国外从幼儿园进行消防安全知识普及，然后对照中国教育并没有对消防意识进行从小培养，出现了跑题的现象。

（四）论据过于集中并且缺少议论

不少学生喜欢提出论点之后就把论据一股脑地罗列出来，在文章的最后进行总的议论。例如，一个学生写《毅力与成功》，第一段首先提出论点——只要有毅力就一定能成功，之后三段叙事般地详细列举了爱迪生、保尔的故事以及铁杵磨针，但都没有跟上相应的议论，只在文章结尾段写道："可见，只要有毅力就一定能成功。"让人读起来虽然情绪饱满却有种"缺斤短两"的感觉。这样就没有层次感。所以议论文的论据使用不宜集中，应该分散。就是说，首先举出一个论据的时候，在该论据后面应跟上相应的议论；之后再举出一个论据，然后再对第二个论据进行议论，一步一步，水到渠成。

第二节 初中议论文写作教学中的读写结合现状

一、初中议论文写作教学现状

（一）边缘化地位

1. 命题"弃妇"

中考"不得设置审题障碍，要淡化文体要求，鼓励学生写真情实感"命题意见中的"真情实感"的题材要求、"淡化文体"的体裁要求，聚焦成为书写"真情"抒发"实感"的记叙为主甚至只有记叙的"一体独大"。"命题者全面关注的是考生的心理健康、成长经历、生活感悟、人生体验、习惯养成等多方面的生活积累，让考生有话可说，有事可写。"中考《指导意见》无形中将议论文写作打入冷宫，中考命题者却有意将议论文写作排挤于命题之外。

2. 教学"弃儿"

在急功近利的语境下，初中写作课里，难有"议论文写作教学"一席之地。因为九年级一年要写出规范议论文，勉为其难，"议论类写作主要靠的是理性认识，需要对事物作分析、概括、演绎、归纳、判断、推理，这些都需要抽象思维能力。"议论文写作需要学养，"积累学养，不但取决于阅读的质，更取决于阅读的量。不但要多读，而且，这种阅读一定要与写读书笔记相结合，每读一篇文章必定要作评点，当然也离不开写成篇的研究报告、评论及小论文等。"这对时空被应试高度挤压的学生而言，无异于天方夜谭。中考不要求写议论文，不考就不教，教了也白教，与其折腾，不如省略来得方便快捷。议论文写作成教学"弃儿"当属必然。

3. 读写脱离，漠视文本

中学语文课本中，有许多优秀的议论文范本，课上也都细致进行了分析，但是学生的写作训练往往又脱离了文本，试图另选题材，没有系统的方法指导，也缺少相应的素材积累。另外，学生也不懂得课内外的知识迁移，不知从文本中去借鉴，浪费了好的教学资源，这一点是非常可惜的。

学生对议论文写作缺乏兴趣，思辨能力不足，积累较少，导致作文内容空洞、论据不足。而高中的议论文写作教学，对老师来说也是一个心结。究竟该如何走出教学困境，引导学生写出好文章，是一线的教师一直在思考的问题。

（二）边缘化危机

议论文写作教学长期缺席缺位不作为，必然带来学生发展的深重危机。以贴近学生的生活直接经验为主过度侧重抒情的记叙抒情性写作，常常造成理性思维的窒息，理性思考匮乏已成学生通病。中国学生在这方面的不足，居然引起了耶鲁大学校长理查德·莱文注意，"跨学科的广度，是中国教育和中国学生所缺乏的，中国需要创建一种课程以及教学法来鼓励学生的创造力以及独立思维的能力。""议论性写作关系到抽象思维能力的培养，议论性写作的忽略，意味着理性思辨这一人的最重要能力的缺失，这必将严重妨碍他们未来的学习与工作，降低全体公民的思想素养。"

教学没有整体目标，缺少针对性，缺乏系列性。长期以来，教师对于写作训练缺少大局意识，没有全盘计划，作文教学缺少系统的训练体系。教师的作文课"各自为政"，只是为了上一节作文课而让学生写作文。因此，在这种情况下，学生的作文也就没有可读性了。

很多时候，作文课都要求学生写出一篇完整的考试作文，很少有教师引导学生从写作方法（论证方式、论证结构）出发来训练提升学生的写作能力，因此，很多学生缺少方法指导，并且习惯为了凑够字数而完成一篇作文，这样的作文肯定是达不到训练目的的。

教师引导不到位，学生没有掌握一定的写作方法技巧，没有提纲意识，想到哪儿写到哪儿，这样一篇作文写下来，绞尽脑汁，但还是不满意，但又不知道怎样去改进，久而久之，对写作就也失去了信心。在初中阶段，学生作文是必须要教师进行批改的，且一般都是由教师一人承担，不敢放手让学生去批改。由于批改量大，语文教师常常为了几句评语费尽心思，评语又很难给出建设性的意见和建议。到下一次写作课，把作文本发下来，只是将问题和优点泛泛一谈，最多再展示一两篇优秀作文，就又开始了新的写作。

二、初中生议论文写作现状中的归因分析

（一）教师方面

近几年，随着教育改革的发展，考试题目的要求也出现了不同程度的变化。作文方面，已经有些作文考试放开了文体限制，让考生自主选择想写的文体。但是有些学校的老师并没有全面地、结合考试背景地去认真了解这一考试要求的实施，对其产生一定程度上的曲解，有的甚至理解成"不要文体"，然后将这一错误理念带入教学活动中，让学生也产生了在考试中能够为所欲为的想法。试卷上的作文记叙、抒情、议论等相互夹杂的情况也层出不穷，然而学生在真正要写议论文的时候，反而不会议论了。

学生对议论文的写作意识和教师的教学意识是密不可分的。很多中学语文教师认为议论文教学应该在高中阶段才放入教学计划，初中阶段接触议论文为时过早。笔者认为，这种"为时过早"的心态在中国初级中学语文教学中并非偶然现象。

总结以上可以得出结论——教师议论文教学意识淡薄。

1.教师的讲课模式单一

长久以来，在九年制义务教育的范围内，语文考试所用作文几乎都是记叙文，所以教师理所当然地将记叙文作为对学生的主要教授和辅导的项目，无形中将议论文排挤在了教学活动之外，认为将学生培养成记叙文写得"活

灵活现"就是最成功的写作教育，其他文体的写作只会耽误自己为记叙文教学所安排的时间。在考试中，文体不限，或者直接命题写记叙文的考试题目，并且要求具有"真情实感"，考生和教师自然而然地就会想到最熟悉的文体——记叙文。考试与教师的"以记叙文为主"的感觉相互作用，久而久之，记叙文便成了不可动摇的教育主体。

2. 教师的写作水平需要提高

在议论文教学活动中，学生是教育的承受者，而教师是教育的主动实施者，所以，决定学生写作水平高低的还是教师的写作水平。如果一个教师本身不善于写议论文，那么教学活动中也难以将议论文教学做好。并且，现在初级中学中，不少教师都是刚从大学毕业的应届生，并没有丰富的教学经验。在写作上，这些年轻教师相比于从教多年的老教师，教学经验不足，对学生的指导以及对学生作文的批改、点评相对有限。美国的写作教育推崇的写作工坊模式，并且要求所执教的教师也需要是作家，只有对写作有足够深的认识，才能教出有水平的学生。所以，对年轻教师进行写作培训，让他们相互交流，提高自身写作水平，才能更好地教育学生，提高学生写作水平。

3. 教师没有做好读写结合的衔接

议论文，目的单一，就是去说服或反驳，让对方相信自己的观点是正确的。既然是说服和反驳，就需要花时间去搜集材料和理解并且应用。在素材的积累、理解与应用的过程中也是对议论文的训练。所以在议论文写作中，素材积累是十分重要的环节。但有些教师并没有重视，认为学生能够在阅读中汲取好词好句，然后用于生动的描写就可以了，并没有往议论文方向进行引导。例如，有的教师只会让学生记住《沁园春·雪》中"北国风光，千里冰封，万里雪飘"是描写北国雪景的壮美，而没有让学生继续去记下后面的"俱往矣，数风流人物，还看今朝"的豪迈情怀是表达今必胜古的论据。如果能引导学生进行进一步深入的理解和分析，那么学生也就会顺其自然地将它们记入脑海，写作时也能写入自己的文章中。如此，每次遇到能当作论据的名人名言、事例，老师让学生多加留心，去积累去总结，长久发展，学生的议论文写作必然会上一个台阶。

（二）学生方面

1. 阅读量不足，无目的阅读

阅读是写作的基础与源头，议论文的写作更需要大量地阅读与总结。学生不善于写作，归根结底是因为读书太少。论据的积累数量与学生的阅读量成正比，初中生和大学生的议论文写作水平差距是显而易见的。差距不仅仅会体现在写作水平上，也体现在论据的使用频率上。因为大学生的受教育时间比初中生更长，所阅读的图书也比初中生要多，所以论据的积累会更多。在写作时，初中生使用较多的是初中及以下教育阶段经常出现的名人事例，而大学生会使用包括初中生阅读量在内大学教育及以下的教学内容作为论据，差距就如此自然地出现了。其次，学生无目的阅读，自己随意找一些小说、一些与学习无关的图书读。议论文的论据必须要典型、精确，而小说多是描写情爱、武打等情节的虚拟故事，在写议论文时自然会无话可说，无内容可写。

2. 对"议论文"定义不明确

议论文也叫说理文，是指使用抽象思维的方法，进行说理辨析，阐明客观事物的本质、规律以及内在联系的一种文本。抽象思维的方法，就是概念、判断、推理的逻辑方法，这是议论文开展的内在依据。调查显示，初中生对议论文概念模糊，有的学生甚至不知道什么是议论文，所以也就不知道如何写议论文。同时，有的学生不知道议论文的分类。议论文从篇幅和容量的角度，可以分为专论、短评、评论、随笔和杂谈等；从作者角度，又可以分为社论、评论员文章、署名文章等；从内容角度，则分为评论、科技论文、思想评论、文艺短评等。还有，学生不知道议论文具有哪些特性。如果学生根本不知道这些内容，也就无从写起。

3. 作文训练时间不足

《义务教育语文课程标准》（2011年版）要求，初中生作文每学年一般不少于14次，其他练笔不少于1万字。45分钟能完成不少于500字的习作。但是，很少有学生能够完成这些既定目标。大多数学生都将时间分配在数理化的习题练习，英语单词、课文的背诵上。有的学生甚至感觉语文作文既浪费时间又难写，一两个小时的时间都不见成效，所以不愿意将时间分配给作文的写作练习，更不用说议论文的写作时间，如果细察，必定是少之又少。

4. 学生对修改作文不重视

"写作而不加以修改，这种想法应该永远抛弃。三遍、四遍——那还是不够的"一百多年前列夫·托尔斯泰这位俄国写作大师就已经明确表示，每一次练习写作时，都要进行仔细的修改，并且要反复修改。但现在的学生几乎没有反复修改的习惯，有的学生甚至一遍修改的习惯都没有，认为发现问题是教师的任务，而自己只需要在教师做出批改后看一眼就足够了，这样就只能被动地接受指导和教育。如果学生能够主动发现问题，然后纠正问题，就能主动获取新的知识与写作灵感。一味的被动接受，只能学到教师的灵感，完全丧失了学习的主观能动性。"文章是改出来的"，这话不是没有道理的。

第三节　初中议论文写作教学中读写结合教学目标

一、培养学生的阅读兴趣

如果学生把阅读当作负担，那么从心理上就已经排斥阅读，阅读时自然收效甚微，甚至毫无功效。如果学生将阅读当作游戏、爱好、减压手段，用心去读，那么培养阅读兴趣将会容易很多。像孩子学习走路一样，学生在阅读方面也需要"因地制宜"，在开始学习阅读的初期，培养学生的阅读兴趣是每个语文教师的责任，也是今后语文教学至关重要的部分。

众所周知，学生在接触阅读的初期，并不是对所有图书都提不起兴趣。有的家长会反映："我的孩子为什么不喜欢读教育部推荐图书，不喜欢读成语故事，偏偏喜欢看网络小说？"相信这种情况在中学阶段是个常见现象。这其实并不是一个坏现象，反而是一个好迹象。因为这类孩子不仅喜欢读书，而且还拥有强烈的读书欲望。只是他们的兴趣点有些偏离家长的期望轨道而已。所以，家长和老师不能片面地简单地进行批评甚至否定，要相信学生，并让学生自主阅读，然后再挑选合适的时机进行引导和关注点的迁移。比如，孩子在看网络武侠小说，家长可以和孩子尝试沟通，让孩子为自己介绍书中人物，然后告诉他历史上有如此人物，然后引导孩子去读成语故事，去成语故事中寻找新的兴趣点。如此不仅不伤害孩子的自尊心，也能帮助孩子将兴趣点从网络读物转到常规图书上。

教师在培养学生阅读兴趣时，不要直接批评和否定，要多加引导，多加鼓励，并给学生一些相对自由的阅读空间和时间。在轻松的阅读氛围中进行阅读，有利于学生的理解。阅读经典不仅增长我们的见识，增加知识储备，还能开发我们的思维，提升解决问题的能力。通过阅读经典，我们与人类历史上的文化巨人对话，站在巨人的肩膀上，让自己的视野和胸怀变得更加宽广。

二、激发学生的写作兴趣

要说语文教学过程中学生最怕的项目，恐怕非写作文莫属。毕竟很多学生一听到要写作文，只想想要写的字数就要愁眉苦脸，有的学生如果再无写作素材，那就又是一阵"雪上加霜"，所以很大一部分学生总是提不起写作兴趣。追本溯源，学生提不起写作兴趣的原因是写作素材的不足、写作训练方法的不合适。常言道："兴趣是最好的老师。"如果让写作成为学生的课余爱好，那么他们就会积极地、主动地去寻找和收集素材，他们写作起来才有动力，写作情况才能得到改善。那么如何才能让学生的写作兴趣被激发起来呢？

学生获取素材最直接、最容易的途径，绝不是通过书本或网络，而是通过观察生活。所以，要说生活是创作的火种也不为过。通过发现生活中的素材火苗点燃学生的写作激情，语文教师要引导学生观察生活，发现生活，去用"心"感受生活、思想、意识和情感。如果学生不会用"心"去观察，那么他们将和盲人无异，什么有价值的素材都无法发现。写日记、随笔等小作文就是一种很好的方式，去记录和积累生活中用心发现的美。记录之后，经过反复阅读和思考，就能悟出深刻的哲理。这种小哲理运用在作文当中，就是无法复制的精彩素材。比如李白的《静夜思》和苏轼的《水调歌头》，都是通过对月的观察和感悟，才留下后人无法复制的佳句。所以，学生对生活中的琐事，身边的花草树木、鸟兽鱼虫，细心观察，仔细思考，会对写作有所启发的。

在有了生活中积累的素材之后，让学生尝试用积累到的语句和描写方式、用名家的布局谋篇的技巧描写，通过表情、心理、外貌等的描写，尽量展示所学到的内容。然后教师再对其中出彩的地方加以点明鼓励，对其中的不足指出并纠正。这样就会让学生身心与文章"结合"，慢慢地激起写作的兴趣。以上方法可对学生产生激励的作用，但是终究成功的文章还是需要大量的写作训练，熟练运用之后开始尝试自己的布局。不断积累生活中的素材和阅读中的各种表达和描写并逐步将它们应用在自己的文章中，学生的写作功底将不断加深，写作兴趣也将被慢慢激发，从而爱上写作。

三、开拓学生的思维能力

有了素材与兴趣，学生的写作之路等于打开了大门，真正迈出脚步的还是接下来的话题：写作思维的启发。

学生写作文的过程就是思维"行走"的过程。因为文章是作者对事对物的认识的反映，学生需要思考后进行写作。所以，学生思维之路越通畅，则文章越畅顺。所以，作文教学与思维训练属于"殊途同归"。思维最初是人脑借助于语言对客观事物的概括和间接的反应过程。所谓写作思维，就是学生对写作的认识和探索。只有当语文教师认识和了解学生的写作思维之后，才能对学生的写作思维培养制定出正确的方案。教师认识学生的写作思维，不仅要从写作前就进行写作思路引导，也要在写作完成后认真批阅学生作文，在字里行间发现学生的想法和情感倾向，分析学生性格特点，根据实际情况，对学生写出符合其身心健康发展的、针对性的评语和注意事项。有时，教师也需要根据学生的成绩进行相应难度的写作训练，同时做好每次写作情况的记录。对于学习成绩好的学生，可以让其有更广阔的空间进行思维发散，从多角度进行不同的尝试；对于写作比较困难的学生，可以制定适合他的难度偏上的作文题目，让其不能轻易进行写作，但是经过努力仍旧可以完成，如此可锻炼其自信心，写作水平也会逐渐提高。

四、提高学生的论点提炼能力

论点是一篇议论文的心脏，是作者要阐述的观点和看法。没有鲜明的中心论点是议论文最忌讳的一点。我们常说议论文观点要鲜明，实际上是要做到要说什么、要证明什么问题都很明确，不能像雾里看花一样，让读者看不清、读不懂。前面已经写过，论点就是有明显的判断语气的完整陈述句，语言简练得体。学生之所以在写作时会出现论点不鲜明的问题，是因为本身对论点不敏感，也就是说论点提炼能力不强。

论点提炼能力，是学生阅读理解能力的直接体现。如果一个学生平时阅读量大，文章各段落大意能够很快地总结出来，那么其在写议论文时也能够在题干或题目所给材料中快速概括出中心思想，从而快速、准确地提炼出论点。因此，我们可以理解为，提高议论文论点提炼能力就是提高学生阅读力之一。在教学活动中，教师可以通过让学生大量阅读文章，通过"四步法"来进行训练，以此来提高阅读理解水平。

所谓"四步法"，是分析、辨析、推理、总结。即分析材料构成元素，辨析元素关系，推理材料中所蕴含的道理，总结道理提炼论点。以初中阶段一篇议论文考试题目《胡萝卜、鸡蛋和咖啡豆的故事》为例进行详细讲解。故事大意为，一个女孩子对做厨师的父亲抱怨生活困难，父亲在厨房煮了三锅水，分别放入胡萝卜、鸡蛋和研磨后的咖啡豆，一段时间后，胡萝卜软了，鸡蛋硬了，咖啡豆不见了。

第一步：分析。教师引导学生对教材所出现的元素进行归纳：父女二人，胡萝卜、鸡蛋、咖啡豆和水。但是主要反映故事主旨的是胡萝卜、鸡蛋、咖啡豆，以及水。父女二人在此材料中为出题人所出的干扰项。如果学生以父女二人进行对比得出结论"年长的经验丰富"则意味着作文跑题。

第二步：辨析。找到构成材料的主要元素之后，让学生思考这些主要元素分别代表了什么。三种食材分别代表了强壮的人、内心柔软的人以及不在乎环境的好坏努力改变环境的人，沸水则是无处不在的逆境。然后让学生思考各个构成元素之间的关系。胡萝卜被水煮之前是硬的，水煮之后变软了，水还是原样；鸡蛋被水煮之前是软的，被水煮之后变硬了，水依旧清澈；咖啡豆被水煮之后，咖啡豆不见了，但是水也不再是水，它变成了咖啡。

第三步：推理。材料中所蕴含的道理为：强壮的人被逆境煎熬，变得软弱；内心原本柔软的人在逆境中变得心坚似铁，再也容不下任何人；只有努力改变环境的人，让周围充满了芬芳。

第四步：总结提炼。只有努力改变环境才能走出逆境。简而言之，训练学生提高阅读能力的关键是让学生把握住阅读材料之间的关系。理清关系，才能推导出正确的结论，进而提炼出论点。

五、丰富学生议论文写作的论据材料

引用一句俗语——"事实胜于雄辩"。要证明所提出论点是正确的，需要作者提供足够的证据去支撑和证明。所提供的证据，就是论据。论据的种类又可以分为理论论据和事实论据。如果一个学生写的议论文没有足够的、真实可信的论据作为支撑，那么整篇文章看起来都会空洞，让人感觉苍白无力。

议论文写作时要求作者所用论据要具备四个条件：真实、充分、典型、新颖。对一个经常看书看报，已经有相当丰富的知识储备的大学生来说，自然很容易举出一些论据具备这四个条件。但是作为刚刚接触议论文写作的初中生，能写出一两个论据已属不易，再要符合这四个条件，无疑是"雪上加霜"。

引导学生进行有效阅读，提高阅读量，增加知识储备，是解决论据不足这一问题的最直接和最有效的方法。有效阅读，就是能够为议论文写作提供有效论据的阅读。可以是新闻、报刊、科技作品、名人名言、谚语，等等。教师要引导学生在阅读时多做分类并积累。可以分为"拼搏类""求知类""惜时类"和"无私奉献类"，等等。在积累时可将司马迁、徐霞客等名人事迹写入拼搏类；将荀子的《劝学》写入求知类；将"逝者如斯夫，不舍昼夜"写入惜时类；将拒绝国外三百倍高薪诱惑只为国家领先世界二十年的"天眼之父"南仁东先生事例写入无私奉献类。长此以往，学生积累的论据数量日渐增长，在日后写议论文时，只要审清题，找出合适的、充足的论据，自然不费吹灰之力。

第四节　初中议论文写作教学中读写教学策略

一、注重阅读与写作的关系

叶圣陶先生在《略谈学习国文》中说过："从国文科，咱们将得到什么知识，养成什么习惯呢？简括地说，只有两项，一项是阅读，另一项是写作。"这话深刻揭示了语文学习的精髓。无论在语文的教学中还是在语文的学习中，在学生语文能力发展以及综合素养的提升方面，阅读与写作分别有着不同的优势，同时，它们的逻辑又紧密相连，阅读是汲取和沉淀，写作则是表现，是展出，学者无域，相融共生。因此，语文课标提出："注重听说读写之间的有机联系，加强教学内容的整合，统筹安排教学活动，促进学生语文素养的整体提升。"又指出："要重视写作教学与阅读教学、口语交际教学之间的联系，善于将读与写、说与写有机结合，相互促进。"

有时，教师让学生在读某一篇议论文前，先用同样的题目写一篇议论文，或者说是编一个提纲，思考一番，然后再读课文。这样做，既有利于提高议论文的写作水平，也有利于理解课文。学生的练习当然不可能具备课文的水平，思路也不一定会像课文一样，但经过训练，则可以使水平不断提高，思路越发敏捷、顺畅。当然，也可以在阅读了课文之后再写作文，或者是借鉴课文的论证方法（不是照搬，而是谋取一部分），让学生在阅读中尝试学写议论文。

二、将课内阅读与课外阅读相结合，增加阅读量

课内阅读是指教师在课堂内的教学活动所涉及的阅读。初中语文课内所涉及的内容都是专家或学者经过多方面考量筛选得出的，都是名家名篇，难度系数对于初中生来说也必然是合适的。从内容质量上来讲，所采用的数据、

事例也是典型的。所以，无论作为学生的写作结构模仿例文还是论据的提供，都是不错的选择。教师在让学生学习写作议论文的初期，可以尝试让学生从课本中找论证方法，在范文中寻找论据。课本是学生能够接触到的最直接、使用频率最高的读物，所以学生对课本的熟悉程度也比课外读物更高，在书本中所选的模仿结构和论据类型比课外读物使用率也更高。

教师在教学实践中，要进一步完善学生的知识结构，提高综合能力，指导学生合理安排时间，阅读多种类型和主题的课外图书。如此，不仅可以提高学生的阅读兴趣，还可以提高教师的教学质量，更重要的是能够提高学生的综合素质，把学校学到的知识在现实生活中加以拓展和延伸，让学生在课堂之外学会生活，学会做人，在社会这个大舞台上施展才华，体验人生。

《义务教育语文课程标准》（2022年版）要求初中学生广泛阅读各种类型的读物，课外阅读量"不少于260万字"，并要求学生"每学年阅读两三部名著"。这是很明确并且具有针对性的规定。但是根据笔者执教期间观察，现阶段初中生的实际课外阅读量距规定要求相差悬殊，以至于学生能够用于议论文写作的素材大多数出自课堂之内。为了让学生拥有更多的议论文写作材料，教师应该在课堂上的语文阅读教学外，还要拓展学生的课外阅读，使学生有更多的论辩言语、更多的论证方法，这是提高议论文写作水平的另一个有效的方法。当然，课外阅读并不只是一些课外书本读物，还包括更为广泛的电子阅读。指导课外阅读要筛选合适的课外读物。所谓合适的书，不只是内容合适，更重要的是程度合适。学生的年纪和认知水准是教师在推荐读物之前应首先考虑的方面，综合分析后再推荐读物。

比如，在七、八年级，学生所接触的还基本是白话文和译文读物，对古文的接触和了解甚少，所以推荐读物仍以普通白话文为主，让他们有能力进行独立阅读，自己通过查字典的方式解决不认识的字。这样不仅能提高阅读量，也能培养自信心和积极性。在初中三年级，有了一定的文言文接触，就可以让学生尝试阅读四大名著之类的读物，这类图书不仅能吸引学生兴趣，也能让学生积累对古白话的认识。稍有不懂的可以在同学间进行讨论，或者向教师提问寻求解答。同时，教师还可以激励学生多记忆、多抄写，将认为的好词佳句记忆下来，等自己写文章的时候适当应用。

指导课外阅读要引导学生充分运用电子工具。随着科学技术的发展，电子产品的种类越来越多，尤其是手机普及率很高，电子产品的先进性、虚拟性、即时性受到了年轻人的喜爱。网络已经成了学生写作素材获取的重要渠道之一。例如，很多电视节目或者网络节目所发表的议论或者评述，都可以成为学生写作所用的素材。不论法制频道的《天网》栏目讲述的天网恢恢疏而不漏，还是人民网视频专题《穹顶之下》关注雾霾、环保等时下热门话题，在学生的议论文写作中都能被用作论据。这些从媒体上获取的知识与信息，不仅是事实论据，也能让新一代的中学生产生自己的思考，用真情实感丰富自己的作品，让文章读起来有血有肉，不再无病呻吟。

三、读例文，让学生进行结构仿写

结构，也叫布局，即指材料的安排。论点是议论文的灵魂，论据是议论文的肌肉，而结构是议论文的骨骼，只有骨骼健全，肌肉和灵魂才能在正确的位置；如果骨骼不健全，再有趣的灵魂、再发达的肌肉，都无法撑起一个完美的身体。

议论文的结构，总体来说，就是各个章节的相互协调，让文章从头到尾，都在作者有序的逻辑思维之下进行。由于初中生的意识和思维并未发育完全，所以逻辑思维能力相对较弱，培养学生拥有完整的逻辑思维能力，在短时间内难以做到。所以，阅读名家名作，学习之后进行仿写，不失为一个合适的选择。如果有学生对历史感兴趣，教师可以教导其去读一下《六国论》。这篇文章的论证结构是最常见的提出问题、分析问题和解决问题的"三段论"模式。虽然文言文对于初中生来说有一定的难度，但作为议论文仿写素材，这是一篇完美的文章。教师可以先给学生讲解整篇文章，让学生对文章有了全盘的认识之后，引导学生对文章进行结构分析。全文结构为传统的"起""承""转""合"。第一部分"起"：第一段提出论点"六国破灭，非兵不利战不善，弊在赂秦"。第二部分"承"：提出论据"赂秦而力亏""不赂者以赂者丧"。第三部分"转"："向使三国各爱其地，以赂秦之地封天下之谋臣，当与秦相较，或未易量。"提出假设，如果六国不"赂秦"，那么秦人"食之不得下咽也"。第四部分"合"："为国者，无使为积威之所劫哉"总结全文。学生在写作之时，也能够采用如此方法：开头点题；然后用第二段进行正面的论证；第三段从反面进行论证，即如果向论点的反方向，那么将会造成如何的后果；最后，发表议论。这样一篇完整的议论文就形成了。

四、指导学生养成写读后感的良好习惯

论据作为论点的支撑，是议论文必不可少的。学生将论据集中使用而不发表议论，原因是学生更习惯进行描述，而不习惯表达自己对事物的主观看法。而能够促使学生主动提出看法的，在初中阶段，写读后感是简单有效的选择。读后感在初中语文写作中是一个重要的练习手段，同时，读后感也是初中生最常写作的一种文体。但是真正会写并且能写好读后感的学生人数实在不多。读后感的写作是对整篇文章进行提炼，然后写出对提炼内容的感悟。举一个大家耳熟能详的故事作为例子详细说明——《司马光砸缸》。故事很简单，在教学生写读后感的时候可以分三步进行。

第一步，让学生熟读故事，对故事的情节熟记于心。同时，让学生明白，这个故事由两件事情组成——砸缸和救人。砸缸本来是一件坏事、小事，但是目的却是救人，救人是件大事、好事。此时小事的本质因为目的的改变而

改变，所以看待它的方法也应该随之发生改变，为了救人而砸缸的小事就变成了大事、好事。由此，让学生明白一个道理，当做事的初衷改变了，事情的性质也会随之发生改变。

第二步，让学生分析故事的论点、论据。故事由三方面人物组成：司马光、落水儿童、其他儿童。落水儿童作为被救一方暂不谈论，司马光和其他儿童的区别在于：司马光临危不乱，才能急中生智救出儿童；其他孩子早已乱了方寸，束手无策。由此，学生得出论点：遇事不要慌张，静下心来终会想出办法的。论据就是以上分析：司马光的临危不乱救出儿童，其他孩子方寸大乱束手无策。

第三步，让学生结合实际，组织语言下笔成文。学生在读后感中写道：只有沉着才能想出办法，如司马光、于廉等都是临危不乱才有奇迹；如果手忙脚乱，必然错过最佳时机。

当学生完成这三步，一篇读后感的雏形便出现了。之后让学生在课堂上朗读自己的所写，鼓励其发表自己的看法，相互交流，取长补短。引导学生从多角度理解文章，全面深刻地理解记忆。让学生养成善于发表议论的习惯。只要坚持训练，学生在进行议论文写作时，在举出论据后会习惯地跟上对论据的议论。

五、运用逻辑知识，深度分析习作

仍以"议论文中的概念和概念分析"为例。"概念分析"作为重要的逻辑知识，学生要真正掌握形成能力，就需要在理解内涵的基础上进一步开展深度学习。笔者出示两个关于"规则"话题的学生习作片段，让学生运用所学的"概念分析"的知识，分小组讨论，分析文段存在的问题。

【片段一】对于规则，我们到底应该怎么做呢，盲目地遵守肯定是不行的。18世纪的欧洲，拿破仑的军队在滑铁卢与普鲁士军队决战时，部将格鲁希因为坚守拿破仑之前追击普鲁士军队的命令，错过了支援拿破仑的时机，导致了拿破仑在滑铁卢惨败被流放，决定了整个欧洲战场的命运。因此我们可以看出，遵守规则是必然，但是我们要根据实际情况作出更合理的判断。（陆晓东《规则下的变通》）

【片段二】"规则"，在《现代汉语词典》中解释为说话或行事所依据的法则、标准。在我看来，更多的是做人的底线。北宋之时，朝堂腐败，阿谀奉承之作层出不穷，唯有一句"出淤泥而不染，濯清涟而不妖"宛如脱世仙荷，独自亭立于历史长河中，经年不衰。而当年那些歌功颂德的空洞辞藻，早已不复踪影。当年的周敦颐未受时代风气的影响，独守内心的清净，坚守作诗的原则。虽然当时这首诗被埋没于世，而今留得芳香满乾坤。时间是最伟大的见证者。只有那些有原则、有价值的东西，才能在历史的大幕中闪耀。（陈洁妮《心存规则，香满乾坤》）

经过分析讨论，学生总结出上述语段中存在的逻辑问题。

片段一：由于对规则的概念内涵缺少阐释和界定，所以在举例中，把遵守命令与遵守规则混淆起来。因为概念混淆，习作中"遵守命令"的事例显然无法支撑"遵守规则"的论点。因此，表面看来，片段一只是论据使用不当，背后却是作者对文章核心概念的"篡改"。

片段二：作者利用词典，对"规则"概念做了阐释，值得肯定，但是作者随后便将概念偷换成"做人的底线"，接着又在例子中把"底线"偷换成了"人格追求"。一连串的核心概念的"漂移"，导致文章概念含混，论证无理、无力。

可以看到，学生已能较准确地理解"概念分析"的内涵，并能够有意识地运用"概念分析"这一知识去分析自己习作中的逻辑错误。

综上所述，大部分学生并不喜欢写议论文，原因在于难度较高，但是可以接受。如果教师以正确方法加以引导、鼓励，进行小组分配，相互带动，相互交流，让学生保持对写作的热情，消除冷漠感，如此，议论文在初中教学中，就不仅仅是依靠教师工作才能提升，学生自己也能相互促进提升，取得进步速度更快、成绩更好的效果。教师应该从考查学生对议论文的理解程度入手，帮助不理解的学生解决问题，多开展写作训练，认真批改习作，才能使学生对议论文的喜爱程度提高。

第五章　读写结合理念下部编版
初中语文作文教学研究

第一节　初中语文作文教学读写结合相关概况

一、初中作文教学中读写结合理念的理论基础

（一）迁移理论与读写结合

一般认为，迁移是指一种学习对另一种学习的影响。奥苏贝尔于1963年在有意义言语学习理论的基础上提出了认知结构迁移理论，这一认知理论认为任何有意义学习的发生都脱离不开原本的认知结构，因而也必不可少地存在迁移这一步骤。先前学习所获得的经验通过认知结构会对新的学习产生影响，认知结构的稳定性、可利用性和辨别性越高，迁移的效果就越好。著名心理学家伍德沃斯提出迁移理论中的共同要素说，也就是说在两种活动中有共同成分和相同要素时才能发生迁移，这些共同成分和相同要素既包括内容也包括程序。

依据以上这些理论，我们可以认为，在阅读任务和情境中获得的知识、技能、方法、情感态度等，可以影响写作领域的知识、技能、方法、情感态度的获得，阅读和写作之间是具备互相迁移条件的。

阅读是一项包含主动性和认知性，获取知识、丰富内在思维与言语的过

程，是吸收；写作是将内在的思想情感通过文字形式较为规范地表达出来的过程，是表达。虽然阅读是由外向内的意义吸收，写作是由内向外的思想表达，看似没什么联系，但两者的关系可以说是既相互独立，又相互联系相互促进的。一方面，它们具有某些共用的知识技能要素，这些联系点为两者的迁移提供可能条件。要想在阅读中获取信息、增进知识、开阔视野、品味生活，就必须要掌握关于字、词、句、段、篇章结构等的基本知识，也要具有理解阅读文本所需要的其他基本知识，包括一些生活常识、科学文化知识、社会历史知识等，还要掌握"怎么做"的知识，也就是如何阅读，而这些也是写作表达同样所必需的。学生在写作的过程中，既要有写作的内容，掌握基本的常识和知识，也要懂得"怎么做""如何写"。可以说，阅读和写作皆是语言的产物，语言的积累与运用是两者的联系，这些共用的知识技能要素，为阅读和写作间的迁移提供可能性。另一方面，阅读与写作相互促进，这也成为阅读向写作迁移的必要性。读写结合理念下的写作，不仅仅是单纯的写的过程，而是在阅读的基础上进行的。通过阅读，学生可以吸收资讯、拓展知识，积累写作素材，借鉴阅读材料中典型实用的表达技巧、表现手法、谋篇布局等，此外，还可以增进对他人语言文字及思想情感的感受力，从而更好地感悟人生，丰富思想观点和内心情感的表达，增强写作的广度和深度。写作与阅读就像是自行车的前后轮，只有借助后轮的驱动力，前轮才可以走得更远。

　　无论是进行阅读训练，还是进行写作训练，在这一过程性教学中都不能将两者割裂开来，要在深层次的把握与联系中努力搭建桥梁，使两者实现迁移。读写结合并不是盲目地多读多写，也并不意味着单纯的知识灌输，而是要做到知其然、知其所以然，发现它们内在的联系机制，才能真正提高读写课堂各自的效率。这种读写结合、以读促写的学习方式更合乎学生的认知发展规律，也更易于教师教学。因此，促成两者的双向互动和交流是非常必要的。

（二）建构主义理论与读写结合

建构主义理论认为："认识并非主体对客观存在的简单的、被动的反应，而是一个主动的、不断深化的建构过程。"主动建构信息的是学习者。学生主动对文字信息进行加工处理，联系自己头脑中原有的知识经验来解释当前信息，并尝试将原有信息与新信息进行整合，从而主动构建信息。

学习的过程就是自身知识的主动建构过程，而不是对于教师输送知识的被动吸收，在阅读和写作的过程中，每当学到一个新知识、新用法，都会主动联系头脑中的旧知识，将它们进行整合，从而逐步构建起一个新的知识体系，它们在各自的领域运用原有的知识构建语篇意义。从这个角度上来说，阅读和写作的过程都可以被视作有意义地建构、修整和形成。此外，在某种程度上，阅读可以看作是模拟作者写作的过程，需要从写作者的角度揣摩其意图，写作也可以看作是模拟读者阅读的过程。阅读者和写作者在"为写而读"和"为读而写"时，从信息的处理到情感的表达，具有共同的处理模式，这样，阅读和写作在建构层面上就紧密联系起来了。

对于阅读，学生阅读的文本就是其他作者写作的成果，阅读的过程就是学习作者写作的过程。通过研究不同体裁、题材的文本，从理解整体内容入手，看句际间的语义关系、文本的主题展开方式、语境的意义、思想内涵等，把握其不同的内容、结构、语言、语体风格，并结合原有的知识经验在头脑中形成个性化的认识，积累更完善的知识结构，也会对如何写作有更深刻的体验。对于写作，只有在"写"的过程中才能在原有基础上更真切地了解文本，构建文本意义，明确阅读"读什么""怎么读""为什么读"。基于建构主义思想，教师要向学生明确，要重视对自己认知过程的意识和监控，意识到它们在建构自身知识过程中的重要作用。学生提出自己的想法、假设，进行实践，获得经验，打造关于自己世界的知识，不同的经验产生出不同的知识，每一位学生都能对自己的思维活动产生重要影响。在有意识地读写结合中，两者必须要不断地进行联系与对话。学生是学习的中心，并不能以简单的、他人设计好的固定模式去获取学习结果，学生必须自己进行新知识的组织再组织、加工再加工，直至其能够完全应用于新的领域，应对新的情境，解决实际出现的新问题。

在这个过程中，教师要给予正确适当的引导。学生在建构新内容时是以原有的知识经验为基础的，不同的学生存在差异，因此，语文教学内容并不固定单一，而是开放而灵活的，并将随着学习个体和学习进程的变化而变化。不同学生对知识的构建是不同的，不同的学习情境对学习产生的影响也不尽相同。根据建构主义学习观，教学方法应该是在具体的学习情境中采取的相应的灵活的教学设计，通过教师别出心裁地设计，不仅仅帮助学生增加知识储备、掌握事实性知识，还能够改变思维方式，解决新问题。在传统预设好的单一的"最佳学习路线"上亦步亦趋地展开教学活动，只会束缚学生思维，陷入发展的死胡同。

教师也要注意用多种方式表征教学内容。建构主义认为，如果学生对复杂的教学内容只有单一的理解方式、表征形式，那么在应对新的情景时，他们的行动就常常是简单的。教师如果能用丰富的方式来帮助学生理解新内容，从不同的角度解读新知识，借助举例分析、类比解释、画面呈现、动作演示等方式，就可以多层次、多维度地建构知识。

二、新课标中的学习目标与读写结合

语文课程目标与内容是对学生需要掌握知识与技能的要求和体现，在语文教育活动的实施中具有重要的指导作用。《义务教育语文课程标准》（2022年版）中的教学目标，为教师的教学活动提供了重要依据，其中，语文阅读目标和写作目标并不是相互割离的，而有着非常紧密的联系，它们相互渗透、相辅相成，体现着读写结合的教学要求。教师应该把握好阅读教学与写作教学的目标要求，将两者结合起来，更好地指导读写结合教学。

（一）阅读学习目标

在《义务教育语文课程标准》（2022年版）第四学段（七—九年级）阅读部分的学习目标中，有多条阅读目标渗透写作技能，指出如何通过阅读教学这一过程来促进相关写作技能的提升。具体示例如下：

②在通读课文的基础上，理清思路，理解、分析主要内容，体味和推敲重要词句在语言环境中的意义和作用。对课文的内容和表达有自己的心得，能提出自己的看法，并能运用合作的方式，共同探讨、分析、解决疑难问题。

③在阅读中了解叙述、描写、说明、议论、抒情等表达方式。能区分写实作品与虚构作品，了解诗歌、散文、小说、戏剧等文学样式。

④欣赏文学作品，有自己的情感体验，初步领悟作品的内涵，从中获得对自然、社会、人生的有益启示。能对作品中感人的情境和形象说出自己的体验，品味作品中富于表现力的语言。

⑤阅读简单的议论文，能区分观点与材料（道理、事实、数据、图表等），发现观点与材料之间的联系，并通过自己的思考，作出判断。阅读新闻和说明性文章，能把握文章的基本观点，获取主要信息。阅读科技作品，还应注意领会作品中所体现的科学精神和科学思想方法。阅读由多种材料组合、较为复杂的非连续性文本，能领会文本的意思，得出有意义的结论。

⑧⑩随文学习基本的词汇、语法知识，用以帮助理解课文中的语言难点；了解常用的修辞方法，体会它们在课文中的表达效果。了解课文涉及的重要作家作品知识和文化常识。

对以上阅读教学目标进行分析，可以看出：第②⑧条都重视阅读对语言技巧方面的提升作用，对重点字词句进行体味和推敲，精准用语，注意炼字。在语文课上，语言因素占据重要地位。想要学好语文，一定要细嚼、慢品、精读。对文章的重点词句、语法修辞、语言风格等细细品味揣摩，用心感悟，在不同的语境中，作者是如何借助它们来表达自己的思想感情的，又是如何在传情达意时使文章增色出彩，在一次次的阅读中积累、吸收，能够用精确的语言表达自我，从而更好地应用到自己的实际写作当中。在教学目标的第②④⑤条，侧重读者与作者的文本对话、情感交流。阅读不是单方面的吸收，而是一个双向的心灵沟通过程，不仅仅要把握文章的深层内涵和情感，还应该有自己对于文章的独特理解与体验，并且能够具备用语言表达自己独特感受的能力。要有感情地阅读，在阅读的过程中，不能充当一个局外人，要注意在理解文章的过程中，增强文字的感受力、感悟力，充分调动自己的情感体验来有感情地写作。教学目标的第③条，强调借助阅读教学的方式来加深学生对表达方式的掌握程度。语文课本就是优质的教学材料，结合阅读文本中鲜活的例子来讲述写作理论知识，教学效果更加立竿见影。在这个过程中，要注意引导学生实践运用，可以先尝试进行模仿性写作，逐步提高写作能力。

（二）写作学习目标

写作的过程其实也是模仿读者阅读的过程，写作教学与阅读教学互为依托。实际的动笔过程可以使阅读更具目的性，深化对阅读文本的感悟。具体写作目标如下。

⑤写作时考虑不同的目的和对象。根据表达的需要，围绕表达中心，选择恰当的表达方式。合理安排内容的先后和详略，条理清楚地表达自己的意思。运用联想和想象，丰富表达的内容。正确使

用常用的标点符号。

⑥写记叙性文章，表达意图明确，内容具体充实；写简单的说明性文章，做到明白清楚；写简单的议论性文章，做到观点明确、有理有据；根据生活需要，写常见应用文。能从文章中提取主要信息，进行缩写；能根据文章的基本内容和自己的合理想象，进行扩写；能变换文章的文体或表达方式等，进行改写。尝试诗歌、小说的写作。

⑦注重写作过程中搜集素材、构思立意、列纲起草、修改加工等环节，提高独立写作的能力。

通过对以上写作学习目标的分析，我们可以看出：写作目标的第⑤⑦条注重在写作过程中渗透对读者意识的培养，能够在不同的表达需要中选择恰当的表达方式，合理安排写作内容。学生经过实际的动笔，更能够理解阅读的意义，通过阅读文本积累广泛的写作素材，参考优秀范例学习如何构思立意，合理组织文章结构。写作目标的第⑥条明确了对各个写作文体的具体要求。在语文课本的结构编排中，阅读文体和写作文体的教学一般都是紧密相关的。借助阅读范文明确文体特征，依托阅读文本学习如何写作记叙文、说明文、议论文、应用文。脱离了具体的写作学习，学生是不能够准确理解并运用到自己的写作实践当中的，实际的文体写作能力也不可能得到真正提高。写作目标的第⑥条直接体现了读写结合的教学理念，以阅读范文为基础进行文章的缩写、扩写和改写，这种读写训练对学生提出了更多的要求。缩写就需要对文章的主要信息有基本把握，才能完整地进行写作概括；扩写则要在原有基础上充分发挥想象，拓展思维，丰富文章内容；改写更多体现的是个人的写作创新能力，需要对改写文章的表达方式、文体等有自己的独特想法。

除此之外，在《义务教育语文课程标准》（2022年版）的"实施建议"当中提到要注重听说读写之间的有机联系，加强教学内容、教学活动间的统筹和整合。借助专题学习等方式，沟通听说读写，能够开展综合性学习。在具体建议中，明确提到"要重视写作教学与阅读教学、口语交际教学之间的联系，善于将读与写、说与写有机结合，相互促进"。

综合分析以上学习目标和实施建议，我们可以看到阅读与写作的学习目标是相互联系、相互渗透的，语文课标对读写结合教学提供了清晰的指导，教师依据课标，要有意识地将阅读教学与写作教学相沟通，使两者相互促进，获得最大的教学实效。

第二节　初中作文教学中读写结合理念价值定位

一、"读"与"写"的有效结合是作文教学的积极探索

学生学习语文的时间是有限的，留给语文教师写作教学的时间就更加受限。如何探寻科学有效的教学方式，同时抓住作文课堂内外的时间，最大限度地提高作文教学实效，读写结合是一剂良方。在实际的课堂中，容易出现阅读与写作相分离的现象，写作教学不能取得最佳的效果。鉴于阅读与写作的内在联系，将两者有效沟通，使阅读教学恰当地渗透到写作教学中，成为增强作文教学实效的有效探索。

写作是将自己的内心语言和情感进行表达和释放的过程，在这一输出的过程中需要有自己丰富的积淀，仅仅依靠作文课上所学是难以充分表达的，还需要吸收多方面的养分。阅读是写作的基础，阅读过程是一个多方面的吸收过程。在这一过程中，学生们可以丰富自身的生活经验，体验到许多无法亲身经历的事物，获取生活素材；在前人的基础上，升华自己的思想，开拓视野，用更全面的角度思考问题；在不同的文章范式中，借鉴到不同的写作

技巧和方法，在写作方面获得更多启发。语文课堂教学上的知识传授，并不是严格界限分明的，如何在对学生传道解惑的同时对其他方面也起到提升作用，最大限度地提高学生的写作水平，需要语文教师深入思考。寻求阅读与写作的结合，用阅读助益写作，是作文教学的有效探索。

二、整合课程资源，符合新课标所提倡的教学理念

读写结合并不是简单地在阅读教学中增加写作方面的内容，也不是简单地在写作教学中渗透阅读方面的内容，这就其本身而言，本质是没有改变的，最重要的是要去思考教什么、怎么教。

读写结合是符合课程资源的开发的，新课标的教学理念使广大语文教师思考如何更高效地实现阅读与写作的双赢。阅读不应该被局限住，在日常生活、学习中凡是能利用的阅读资源，都应该被重视起来。特别是随着网络的发展，阅读资源不再仅仅局限在纸质文本的形式和课内阅读的范围，而有了更加宽广的平台。宽广的平台并不意味着无限制地吸收，而是要有计划有选择地读，在学生感兴趣的基础上结合教材内容和写作要求选择具有相关性的内容，更有利于实现预设的学习效果。

在这个资源整合的过程中，课堂也应该是灵活多变的，学生的学习活动也随着教师的引导丰富起来，不断迸发出新的感悟、火花，生成新的课程资源。学生的阅读内容得到了延伸，写作教学得到了拓展，写作的需要也使得阅读有了源源不断的动力。

三、锻炼思维，提高写作能力

写作的同时，也是在表达自己的内心语言和情感，要想将所思所想准确地表达出来，就需要具备一定的言语逻辑能力和谋篇布局的能力。有的同学写作文，很难抓住重点，让人读起来难以理解，更有甚者，文不通字不顺，

其实这反映的就是思维的混乱。写作的过程，也是积极动脑的过程，是展现思维逻辑的过程。

一篇好的思维逻辑强的文章，它的结构一定是条理清晰的，重点是明确的，内容是容易理解的，在进行作文的读写结合训练时，通过广泛和精细的阅读，学生们可以在其中追随作者的思维，汲取营养，这既锻炼了学生的言语组织能力，也提高了学生的思维能力和品质。

中华文化在悠悠五千年中孕育了浩瀚的精品，国外也有许多的经典名著，它们都对学生的学习有很大帮助，可以说，正是得益于前人的文明成果，我们才得以在现存的能力中以自己最快的速度进步、成长，最大限度地发挥自己的能力。

一篇优秀的文章，一定是建立在一定的阅读量上的。教师在训练学生写作的同时，也为学生提供了阅读的平台，在广泛的有意识的阅读中，积累了大量的素材，做到有话可说、有话可写，看到作文题目有内容想表达。但这些并不是全部，在阅读向写作迁移的过程中，教师不仅仅要简单地增加学生的阅读量，还要逐步地引导学生提高写作能力。写作并不是对技巧和模板的简单套用、刻意模仿，这样只会产生出千篇一律的、没有灵魂的作品。无论是剖析优秀例文的内容结构学习其写作思路和技巧，还是借鉴不同文章的表达方式和方法，都是一个有意识的自我吸收、自我提升的过程。在这个过程中，学生可以更加灵活自如、顺畅地表达自己的感情，也能够培养语感，在将自己的感悟加入作文主题同时结合恰当的写作技巧，写出有灵魂的好作品。

四、初中语文读写结合作文教学的实施流程

（一）利用阅读教学储备写作知识

读写结合作文教学方法的前提是储备写作知识。通过借助教科书中所选

入的经典文章，建立起写作和阅读知识之间的联系，帮助学生在阅读教学的过程中，将阅读知识迁移到写作上，使学生获得写作文的思维训练、素材积累、写作技巧和表达方式等能力的提升。阅读中陈述性知识和写作中程序性知识交织着，也就是说阅读知识与写作知识巧妙地结合在一起。因此，阅读教学是陈述性知识的积累，是程序性知识的摸索，是策略性知识的提升。任何知识的学习过程主要分三个阶段：了解知识、形成程序、应用策略。

写作知识的形成亦是如此。教材作为学生直接的学习资料、直接知识的来源，也是认识世界的第一窗口。在新课程改革的促进之下，在"语文教育回归传统"思潮的影响之下，帮助并引导学生进行积累是每一位"语文人"之间达成的共识。在积累的过程中，主要从题材、艺术表现、结构布局、语言表达和文体体制这几个角度来积累，只有基础知识扎实，才能写出内容充实的文章。

1. 文章体裁知识的积累

"文无体不立"。对文章的文体知识的积累，有助于学生对文体的辨别，帮助学生更好地下笔写作。针对初中生这样的一个群体，基础教育最后的三年，文体知识的夯实与否，直接关系到未来写作的能力。阅读教学过程中应该帮助学生积累文体知识，掌握文体的特征，从而更有利于写作。初中语文教科书中的文章都是文质兼美的佳作，具有典型性和示范性，从题材、体裁、风格等方面传递着它的魅力，选文丰富多样，难易适度，特别适合学生学习，有利于基础知识的稳固。教师应该挖掘教材的潜在知识，帮助学生高效利用好教材。初中语文人教版教材在文体知识部分略有提示，教师应在阅读教学的过程中加以强化。如人教版语文教材八年级下册第一单元的单元提示中，在强调完本单元的主题之外，提出"要注意体会作者是如何根据需要综合运用多种表达方式"，教材中所强调的只是简单的一句话，但需要教师帮助学生深入研究编者的用意。初中生所涉及的文体知识主要分为：记叙文、说明文、议论文和应用文。

记叙文写作是初中生的基础写作，也是写作考试的重点和难点。因此，初中教师对记叙文的阅读教学对学生写作至关重要。把握好文章的体裁，能够更好地把文章的脉络理清楚。虽然说明文写作在历年的中考中不是很常见，但占教材中文章的数量却不少，侧面表达了说明文的重要性。在说明文的相关知识中，说明的方法和顺序在写作的过程中是极为重要的，对说明文体裁的辨析，有助于学生写作技能的提升。初中生议论文写作与记叙文写作相比，重要性稍弱一些，但是，初中生议论文写作与高中写作关系密切，不得不加强学生对什么是议论文、怎样的文章可以归为议论文等概念的理解，需要学生扎实地掌握，对于初升高来说，这个纽带的作用是不可忽视的。应用文写作训练几乎没有，基础教育阶段的学生很少涉及应用文这部分知识。总之，基础教育应该强调基础的作用，为学生未来的发展做好准备工作。

2. 文章写作题材的积累

人教版语文教科书的题材选择广泛，内容精彩。在教材的编排上也主要采用主题单元编排的方式，每一单元有不同的主题，既有对一段难忘旅程的感叹，也有对理想和信念执着的追求；既有对自然环境的忧虑和思考，也有对民生和民间文化的赞叹，等等。在主题的范畴内，均从人与人、人与自然、人与社会三个哲学关系的角度来讲述。主题单元的阅读学习为作文教学提供了大量的题材，帮助学生在写作时有内容可写。在主题单元的学习中，亦会唤醒隐藏在学生内心深处的共鸣，有助于塑造学生写作。因此，教师在教学的过程中，帮助学生积累的同时，要启发唤起学生内心的波澜。在阅读教学的过程中，渗透作文训练，放些片段进行主题题材的作文练习，也是写作训练的一种方式。经过整理和归纳，人教版初中语文教材一共有六册，每册书为六个单元，一共是三十六个单元，也就是有三十六个主题单元，同时也说明有丰富广泛的作文题材。在人教版初中语文教科书七年级上册，第一单元主题为四季美景，在这个单元中，有四篇文章，包括三篇现当代散文和四首古诗词。三篇散文，都是写景抒情的名家名篇。朱自清的《春》，以生动形象的笔法，多层次、多角度地描写一个特定时令的景象；老舍的《济南的冬天》，描写和赞美一个地方在一个季节里的不同风貌；刘湛秋的《雨的四季》，则不限一时一地，而是描写大自然四季里多姿多彩的雨的形象。四首古代诗词，或观沧海，或泛江河，或别有人，或诉秋思，所描写的景色和所抒发的情感各异，但都很精彩，营造了美好而深远的意境。第二单元以亲情为主题，几篇课文中，《秋天的怀念》《散文诗二首》抒发对母爱的赞美；《散步》表现家人之间互敬互爱，其乐融融的美好氛围；《〈世说新语〉二则》讲述古代少年的聪慧故事，也能让人感受到魏晋世族家庭的文化修养和情趣。第一单元的四篇阅读文章，讲述着人与自然的关系，第二单元讲述着人与自我的关系。两个单元所涉及的文章均具有代表性。学生在学习第二单元的四篇阅读文章时，积累文章所承载的题材，教师引导学生窥探自我内心世界，看看阅读文章时哪些地方与自己的生活和内心产生了共鸣，引发自己的思考，同时教师应该及时让学生依次进行表达或者动笔进行仿写练笔，留住此时此刻的灵感和感悟，然后在课后进行扩展。

因此，积累教科书文本题材，对学生写作的意义是重大的。一是积累题材有助于丰富学生的写作内容。初中生写作常见问题便是无题材可写。在语文教学过程中，做常见的作文训练的方式是日记或者周记。初中生面对每天一记或者是每周一记可谓头痛难耐。交上来的日记或周记内容相似，毫无深意和趣味，如记录生活的流水账、表达开心的游乐场一游，等等，翻来覆去就是那几件事，学生难以发现生活中的题材。教师在阅过之后，无奈地合上作文簿，却很少有帮助学生开拓题材的语文课堂，从而忽视了学生的写作教学。语文教科书作为学生最直接最权威的学习资料，其所承载的责任是巨大的。在阅读教学的过程中，帮助学生积累教科书中所引用的题材，然后在积累的基础上进行仿写、拓展和延伸，丰富学生的题材选择的范围和方向，让学生有内容可写，有想表达的诉求。二是积累题材有助于丰富学生的写作感情。初中生在繁重的课业负担之下，在家长望子成龙望女成凤的殷切期盼下，承受着很大的压力，因此，他们看待事物的感情变得不好琢磨，虽然教科书中所承载的题材在他们身边也有发生，但是却对之缺少感情。而在初中语文阅读教学的课堂上，教师作为学生成长的指引者，有着不可估量的作用，通过教科书中所选的题材，正确地引导学生的情感，树立正确的情感价值观，激发学生对人、自然和社会的丰富感情，运用到作文中，丰富作文中的情感。

3.文章结构布局的积累

刘勰曾将文章的结构脉络比作"筑室之须基构，裁衣之待缝缉"，强调文章结构的重要性。因而，在阅读教学的过程中，文章结构的积累对写作时结构的借鉴呈现正迁移。教科书中所选择的文章都具有典型性和客观性，把握好教科书中文章的写作结构，对写作教学来讲是相当重要的。当前，学生在写作之前，不知道先写什么再写什么，写作思路毫无逻辑，总是随性地想到哪里就写到哪里，结构混乱，条理不清。这种现象也表露出学生在文章结构模式的积累方面有所欠缺。所以，在阅读教学的过程中，帮助学生积淀具有巧妙布局的文章的结构模式，是有百利而无一害的。在语文课堂之上，针对阅读教学而言，对所选文章结构模式的积累是具有独特价值的。作者奇妙的文章构思，通过仿写式的积累，结合自己实际，逐步形成自己的结构模式。不难看出，阅读教学的任务之一是引导和帮助学生认真研究和积累文章的结构，摸索作者的行文思路，在加深阅读理解程度的同时，更加深化了学生对文章整体行文规律的把握。在积累了诸多文章结构的基础之上，进行仿写，做到举一反三，在此之上，学生对其进行创新，使作文写作水平进一步提高。

（二）读写结合在实用文章教学中的应用

1. 读写结合在说明文教学中的应用

叶圣陶先生指出："说明文的用处非常大。"在生活中，说明文的应用范围会越来越广，作用也将越来越大。当前中考对说明文写作的考查不明显，但作为一种生活类的实用文体，其与初中生的发展密切相关。义务教育语文课标对说明文的文体知识，从情感态度价值观的角度提出："阅读科技作品，注意领会作品中所体现的科学精神和科学思想方法。"所以，学习说明文主要关注学生的科学理念和科学素养，开启学生对探究未来世界的好奇心，培养他们实事求是的处事态度，同时也促进读写能力的全面提高。这是学习说明文的教学根本。同时，说明文能够锻炼学生的思维逻辑，这一点无论对哪一种文体的写作，都很重要。依托说明文，通过仿写式读写结合，从说明文的文体特点入手从事教与学。

首先是说明顺序。说明文的说明顺序是理清文章、掌握全文结构的必要因素。说明文的说明顺序主要是三种，即时间顺序、空间顺序和逻辑顺序。时间顺序多用于介绍事物的发展变化过程、制作工序等。比如法布尔的《蝉》介绍蝉卵孵化为幼虫到蜕皮再到钻入土中的过程，就采用了时间顺序。空间顺序，一般有从上到下、从前到后、从中间到两边等，常用于介绍建筑物或物品。比如《梦回繁华》对《清明上河图》画面内容的介绍，就采用了空间顺序。逻辑顺序是介绍事理时通常采用的顺序，具体地说，有先总说后分说、从概括到具体、从现象到本质、从主到次等。比如《苏州园林》，先总说苏州园林的特点，然后从四个角度加以分说；又如《恐龙无处不有》，用在南极发现恐龙化石这一事实佐证"板块构造"理论，就采用了从现象到本质的顺序。写作中采取哪一种顺序，并非一成不变，而是要视具体情况而定。比如，对于同一座建筑物，由于关注的角度不同，要介绍的内容不同，采用的说明顺序也会不同。通常情况下，一篇说明文往往以一种顺序为主，兼用其他顺序。如《中国石拱桥》整体上采用的是从概括到具体的逻辑顺序，而在举桥梁例子的时候，则采用了从古到今的时间顺序。将三种说明顺序分别进行区分，帮助学生在阅读时辨别，同时这三种顺序可以让学生进行口头练习，进一步区别。对学生说明顺序的训练，一定程度上训练学生逻辑思维，帮助学生写出思维逻辑清晰、结构框架明确的文章。通过对说明文阅读的学习，迁移到写作的学习中，让语文课堂丰富多彩。

其次是说明语言。准确、简明，详细但不繁琐，有时平易质朴，有时幽默风趣，不拘一格。说明文所采用说明语言的特点，主要与说明对象和作者格调有关。例如《中国石拱桥》中用短短的两句话，说明赵州桥的构造，突出结构巧和强度高的特征。学习说明文的语言特点，在了解和学习说明文语言特点时，丰富学生语言，通过仿写练习，学习语言的运用。在文章阅读时，强调写作的知识，帮助学生积累和应用，丰富学生的语言系统。

2. 以记叙文写景状物文章为依托，进行景物描写仿写训练

好的景物描写需要用生动的语言和细致的描绘呈现出其具体状态，使人读了如亲见亲闻、身临其境一般。教材中的写景单元和状物单元都是学习景物写作的最好例子。这需要教师在阅读教学中，给予学生强调和指导，帮助学生提高作文水平。

人教版语文教材七年级上册第五单元的课文《猫》（郑振铎）、《动物笑谈》（康拉德·劳伦兹）《狼》（蒲松龄）中都有非常细腻生动的描写，在作者的笔下，动物各具形态，让人印象深刻。比如课文《猫》中，作者描写了三只猫，三只猫各具形态，描写出各自的特征。作者分别是这样描述的：第一只猫"花白的毛，很活泼，如带着泥土的白雪球似的，常在廊前太阳光里滚来滚去"，第二只猫"它在园中乱跑，又会爬树，有时蝴蝶安详地飞过时，它也会扑过去捉"，第三只猫"门口蜷伏着一只很可怜的小猫，毛色是花白，但并不好看，又很瘦"，通过作者的描写，可以很直接在脑海里出现三只小

猫的样子，具有很强的分辨性。再如《华南虎》中，虽然作者只描绘了华南虎的背面，但是作者用"凝结着浓浓的鲜血"的趾爪，从墙上带血的抓痕，描绘出一只悲愤的老虎，只一处就将老虎的形象描绘出来。《猫》以第一人称的口吻，记述了自己家三次养猫的经历。作者以人道主义的情怀，关注身边的小生命，对三只猫得而复失的过程进行了细腻的刻画，描写了"我"与家人悲痛、遗憾的心情，尤其是对第三只猫的歉疚之情，体现了作者对生命的尊重和善于自我反省的精神。《动物笑谈》是一篇科普文章，作者从一个动物学家的角度，以诙谐幽默的语言，记述自己观察动物习性和进行科学实验的过程，也写出了动物们的调皮可爱，字里行间蕴含着对动物的喜爱和欣赏之情。《狼》则是一篇文言小说，写的是人与动物的争斗——不是你死，就是我亡，这是人与动物关系的另一面。故事虽短，但矛盾激烈，情节紧凑，引人入胜。总而言之，这些课文从不同侧面记述了人与动物的故事，反映了人对动物的了解和认识，展现了作者对人与自然关系的思考。同样，此处引导学生进行仿写练习，简单地进行物的描写，增加仿写练习的次数，对学生的写作水平的提高有很大的帮助。

第三节 读写结合理念下部编版初中语文作文教学现状

一、学生存在问题分析

（一）学生缺乏写作动力

学生缺乏写作动力，是阻碍作文水平提升的一个重要困难。所谓"动力性困难"是指："写作兴趣、写作热情、写作自发性和写作积极性方面的畏难情绪。"在对学生的调查问卷中，问到学生是否对写作真正感兴趣，大部分学生的答案是"一般"，也就是说，很多学生对写作并不是真正感兴趣。这样就导致学生缺乏写作的积极性和主动性，无论是在语文教学课堂上还是在老师布置完写作任务之后，都对写作的重视程度不足，难以达到原定的教学效果。

　　学生学习的普遍心态是带有一定的功利性质的，学习什么内容能够对提高自己的学习成绩有效，学习哪些方面能够在短时间内产生最大的学习效果，学生的关注度自然而然就会放在上面，如果课上讲的内容并不一定能够产生很明显的学习效果，那么学生就会松懈下来，出现懈怠心理。作文教学并非一朝一夕所成之事，虽然在当前的教育形势之下，作文部分所占比重正在逐步上升，但是要想取得立竿见影的效果，还是有很大难度的。而且，在应试教育的影响之下，虽然作文部分有自己的评分标准，但在实际情况中，作文部分的分数弹性较大，不同的阅卷老师有不同的风格偏好，平时致力于提升作文水平的学生和在考试前临时抱佛脚或者简单套用模板的学生相比，可能分数并没有拉开很大的差距，分数的不确定性较大；而相比之下，理科试卷，答对一个公式、算对一个答案，就可以拿到这道题目的分数，答案明确，获得的成就感也高。除非是对作文具有很浓厚的兴趣，有很大的爱好坚持，否则很容易被眼前的现象影响。在"分数至上"的趋向下产生懈怠心理，使得学生倾向于走应付作文的捷径，缺乏提升自己写作水平的动力和积极性。除此以外，在平时的考试中，小到各种联考、模考，大到中考，语文试卷的现代文部分大都选取的课外阅读文章，这就导致很多同学对课上所讲文章的重视程度不足，认为反正没有出现在考试试卷当中，不是考试内容，进而不认真听讲，无法很好地重视课内阅读，自然而然对教师所讲的读写结合内容没有足够关注，在读写结合方面缺乏足够的思考，进而削弱写作兴趣，影响写作热情。

　　（二）读写结合学习自主性差

　　1.读写结合学习意识薄弱

　　要想取得良好的读写结合效果，具备正确的读写结合认识是基础。在对阅读与写作关系的认识中，大多数学生能够认识到阅读与写作的紧密关系，对于读写结合具有一些认知，具备初步的读写观念。读写结合，重要的是将阅读与写作有效沟通，教材中编者精心选择的例文是读写结合的优质范本，在实际的作文教学中，利用好这一优质课内资源，对于提升学生的读写结合能力是至关重要的。然而从学生认为更好提升阅读与写作水平的方式可以看出，学生对于在课内读写结合的学习意识较为薄弱，对于精读课文的重视程度不足。在阅读课上就不能将精力很好地分配，不能有目的地学习，忽视了最重要的读写结合技巧。当然，这里的目的指的是阅读和写作相迁移的目的。教师在语文课上讲授相关读写结合技巧时，一些学生也不会足够重视，在涉及有迁移但需要学生自己进一步感悟探索的知识时，学生就无法灵敏地捕捉。学生养成读写结合的意识，并且在学习的过程中，随时都能有意识地思考读写结合的可能性，对于提高读写能力是非常重要的。

2. 读写结合学习行为习惯不足

对于如何提高自身的读写水平，在调查的资料分析中，有一大半的学生显示在语文课文学习过程中偶尔或者从不，除非教师要求才会写感悟心得和阅读笔记。有一多半的学生偶尔或从不在写作过程中把所学课文当作范例借鉴学习，有一多半的学生很少运用语文阅读课上学习到的阅读技巧到课外写作中。可以看出，在实际的语文学习生活中，大多数的学生都没有养成良好的读写结合习惯，很多学生都是在教师的硬性要求下才会有一些读写结合的行为。读写结合的自主性差，仅仅是为了完成老师布置的任务，在这样的情况下，为了完成而完成，就难以取得理想的学习效果。教师在日常的教学中要注意培养学生的读写结合习惯，前期可以结合自身的经验，通过一系列的教学要求来帮助学生逐步建立读写结合的习惯。除此之外，要注意进行正确的读写结合指导。如果指导的方向缺乏针对性或者偏离了正确的方向，反而会增加学生的学习任务，削弱学生的读写结合兴趣，能力提升受限。只有真正将读写结合的意识转化成行为，在日常学习过程中多加练习，才能最大限度地提高教学实效。

（三）写作能力不足

1.阅读现状的影响

没有阅读的输入，就没有写作的输出。作家之所以有那么多丰富的脍炙人口的作品，一定缺少不了他们丰富的生活经历和感悟，在生活中获取写作的灵感。处于初中阶段的学生，他们的阅历还不足，生活简单而相似，要想获得相对丰富的经验，为写作打好基础，光靠日常生活是远远不够的，需要在大量的阅读中汲取营养。大多数学生每天的阅读时间都少于半小时，每学期平均课外阅读量能达到五本以上的，少之又少，可见，学生的阅读情况并不是很乐观。一方面，学生要同时兼顾多个学科，留给语文这一科目的时间就相对变少，还要应付各种各样的学习任务，课余时间往往就所剩无几了；另一方面，信息时代的发展改变着人们的阅读方式，现代人的生活节奏加快，获取信息的要求也变多，碎片化、视觉化成了人们获取信息的普遍方式，原来通过报纸、书刊等媒介获取信息的人群减少。对于处在初中阶段的学生来说，能够沉下心来好好阅读一些图书，仔细深入地阅读一些经典作品也就显得更为难得。学生喜欢阅读的图书类型中，只有一小部分学生选择了文学名著，大多数学生还是选择了阅读青春小说、漫画等较轻松简单的作品，这反映出初中学生对于阅读作品的选择还不够严谨，阅读趣味倾向于浅层化。不难想象，学生阅读得少、阅读得浅，阅读积累量就不足，自然而然就会影响到写作能力。

2.能力型困难

取材的困难。《义务教育语文课程标准》（2022年版）第四学段（七—九年级）的写作要求明确指出："多角度观察生活，发现生活的丰富多彩，能抓住事物特征，为写作奠定基础。写作要有真情实感，表达自己对自然、社会、人生的感受、体验和思考，力求有创意。"可以看出，对学生的写作要求是要在观察生活的基础上挖掘写作的材料，能够具有自己的真情实感，并力求有创意地表达。初中学生的生活主要发生在校园，社会生活经历相对简单，身心发展还不够成熟，要想让他们写出优秀的作文，需要克服的困难还有很多。虽然现在学生的校园活动增加了，课余生活也变得充实起来，这些也成为学生写作的素材来源，但是如何把这些生活素材转化成写作素材，见微知著，写出自己的真情实感，还需要进一步探索。在这其中，可以增加阅读量，通过阅读开拓视野，增长见识，可以更多地积累素材，发现生活更多的精彩。除此之外，为了一味地满足作文的要求，追求所谓的高分作文，一些学生将自己的亲身经历限定在"有意义"的"好人好事"中，限定在一些"假大空"中，写作取材的方向就出现了偏离，被框架束缚了思维。写作水平偏高的学生还能将这些"假大空"代入自己的感受，写作水平不足的学生就只能写出一些"套板文"，生硬不堪。

二、教师存在问题分析

（一）教师有待提高自身读写素养

"学高为师，身正为范"，作为传道授业解惑的教师，自身必须要为学生树立典范，并且要时刻学习，不断提升自己的专业素养，为推动学生的读写结合学习助力。现在提倡"教师下水"，在给学生布置作文题目时，自己也写一篇同题作文，作出示范性解答。在这个过程中，教师变成了学生学习的参与者、合作者、共同研究者，向学生展示自己的行文思路、思考过程。不难发现，很多教师在写作的过程中也会发现问题，无论是审题立意、选择素材，还是谋篇布局，等等，只有亲自动笔，才能发现自己在写作中遇到的困难，更好地明确学生在作文过程中可能遇到的困境，有针对性地提高。在实际的教学当中，一些教师只注重理论知识的讲授，忽视了教师读写结合经验对学生的重要作用，不能结合自己的写作经验给学生开展有针对性的具体的指导，这样无异于空谈理论，无法取得教学实效。

想要给学生一碗水，对教师的要求是远远高于一碗水的。很多教师在写作过程中自己都是有一定困难的，不能够明确写作路径和方法，只是简单地转述写作理论知识，再加上缺乏阅读和写作的经验，给不了学生具体的指导，何谈提高写作水平。教师要努力提升自己的读写水平，静下心来多动笔，多学习，多反思，在思考中不断地结合理论和实践，总结教学经验，提升专业素养。

（二）语文教学观存在偏差

1. 重阅读、轻写作

写作内容的讲授是一个复杂的系统工程，写作能力的提升也绝不是一朝一夕就可以完成的。很多教师认为，对于写作，多讲一些少讲一些，对于最终的结果影响不大。同样的精力，做与不做收效不大，或者见效明显，就更愿意将重点放到见效迅速的地方上去。这样一来，与写作课堂相比，阅读课堂对于提高分数就显得相对容易一些，教师们就自然而然地将教学重点放在阅读教学中，而忽视了写作教学。

此外，对于阅读，一篇一篇的文章，有固定明确的阅读技巧和方法，而写作则有些捉摸不定，难以把握。相对于写作的这种不确定的状态，阅读偏向于显性和确定性，尤其在遇到教学课时紧张的时候，阅读课程排完了，留给写作教学的课时所剩无几，分析课文的时间远远多于指导学生写作和学生用于写作的时间。写作教学的备课量也更大，不仅仅是前期的审题立意，教师要有自己的独特思考，才能引领学生进一步思考，还要选择支撑材料，如果后期需要讲评、批改作文，也是不小的工作量，需要做很多准备工作。这些都是写作教学教师面临的难题。

阅读和写作应该是并重的关系，两者相互结合，相互促进，共同提高。

作文的能力是一种富有动感的能力，它的养成需要大量科学的训练，如果一味地偏重阅读、忽视写作，那么只会让写作课空有布置，难有落实。

2. 忽视课本读写结合重要价值

阅读和写作联系紧密，两者的相互结合能够达到以读促写、以写促读的效果，相互配合，事半功倍。语文教材作为教师教与学生学的重要资源载体，无论是在教学内容还是教学形式方面都体现了读写结合的教学理念。然而，在实际的教学课堂上，许多教师往往容易忽略课内的阅读资源，将阅读与写作看成是两种分离的课型，阅读教学与写作教学割裂开来。阅读课就仅仅教授内容，即使是讲到与写作相关的部分，也纯粹把它当作知识点进行讲解，缺少对两者进行联系的过程，没有意识到无论是教材的阅读文本还是涉及的表现手法都可以作为训练的资源，为写作积累素材，习得技能，拓展视野。写作课上，也没有意识到通过写作的需求明确阅读所要做的前期准备和积累，例如有意识地从阅读中积累好词佳句，学习方法技巧，增强阅读的实效。

（三）读写结合教学存在问题

虽然在部编版初中语文教材中，作文知识和作文训练真正地走入了课本，体现了读写结合的理念，但是在具体的教学实施过程中还存在诸多困难。在调查中发现，学生是普遍希望得到教师耐心细致的指导、批改和讲评的，但是在实际教学当中，通过问卷调查发现，一些教师倾向于选择小组合作探究的方式让学生掌握语文教材中写作版块的"知识导引"部分，体悟编者意图，一些教师倾向于通过自己的点拨引导和讲解来帮助学生掌握"知识导引"部分。在处理"名著导读"版块的专题写作时，大部分教师都会在"名著导读"版块的专题写作中进行读写结合教学，读写结合教学存在缺失。可见，教师对于读写结合教学方式的选择不一，很多教师自己对于教学方式也不能完全摸着头脑，没有建立起完善的教学体系。在应试教育的大背景下，作文评分也带有一些主观化因素，学生的作文成绩差距不大，而且市面上也有很多针对作文标准的考试模板，这对于那些认认真真、扎扎实实通过训练提高写作能力的教师和学生来说，无疑是在泼冷水，尤其在教学时间紧张的情况下容易导致教学环节的缺失。许多教师把教学精力放在知识类型的习题练习上，见效快，得分容易，而对于作文的修改、评改工作则相对欠缺，重视不足，认为做得多做得少差别不大，在读写结合教学中，采取临时抱佛脚的态度，急功近利。长此以往，学生必然会对作文丧失兴趣，失去写作的动力，作文教学也必然不能取得进展。

读与写是有联系的，教学方法不是一成不变的，也不能完全适用，需要在具体的教学过程中不断地探索、总结，还需要针对不同的学生、不同的情境灵活多变。在教学中，应该注意适当配合，明确阅读与写作教学的目标，不断挖掘读写价值，既要有教师耐心细致的指导，也需要引导学生学会自己动脑，亲身思考。在读写结合教学中，如果老师过分注重对知识的深度讲解，不给学生任何消化吸收的空间，自以为自己的教学到了一定的高度，学生的学习水平也会跟着提升，殊不知，学生只能在教师的预设下机械地被动地行走，丧失了学习的自主性，无法取得既定的教学效果；如果放任学生自己探索，缺乏教师恰当的引导，那么学生也会像迷途的羔羊，走得再远，也不能获得真正的成长，脱离掉想要学习的目标内容。

第四节　读写结合理念下部编版初中语文作文教学策略

一、树立正确的读写结合教学观念

要想积极落实读写结合理念，推进中学语文作文教学的创新发展，首先必须使师生在观念上接受并重视读写结合，进而学会如何运用读写结合提升教学效果。同时，对于教师而言，应努力积累有关读写结合教学的理论，锻炼相应的授课技能，为这一理念在课堂上的充分运用奠定基础。

（一）"乐学"与"乐教"

对于学生来说，兴趣是一种"积极的意识倾向"，能够引起学生写作的欲望和积极性。作文教学要想真正地起到持续性效果，就需要兴趣为其注入源源不断的动力，增强写作的自发性。要想培养学生写作能力，提高读写水平，首先就需要学生"乐学"，具备读写的兴趣。学生要想有动笔的欲望，首先就不能惧怕写作，存在畏难情绪，教师可以从贴合学生实际的角度切入，尝试引导教学。对此，部编版初中语文教材在最开始就进行了开宗明义式的强调。

例证1：七年级上册第一单元写作版块"热爱生活，热爱写作"

将写作与生活相结合，融入初中生长久的学习进程中，这是十分重要的理念。有些学生可能觉得两点一线的学习生活很枯燥，没有动笔的欲望，不知道写什么。殊不知，写作就像平时的沟通交流一般，写作，其实就是用笔来说话，其实就是写生活。教师可以引导学生多注意观察、积累，拥有一双善于发现的眼睛。即使在每天上学、放学，从家里到教室的平凡生活中，也会蕴含着不同的生活，拥有不同的心情。要注意挖掘自己面对不同的点滴变化，多感受，多思考，将这些值得记录的点滴写进来。例如，多注意观察放学路上的细节变化，校园里哪些地方很少涉足，爸爸妈妈每天都是如何度过的，等等。同时还可以有意识地丰富自己的生活，在回家之后可以收听广播，观看一些有意义的电视节目，丰富自己的生活素材。在生活中，我们都需要表达交流，通过写作的方式记录生活、表达情感。在生活中寻找写作的可能性，学生会发现，原来写作并不是多么高难度的动作，也能够像吃饭喝水一样自然、流畅，克服了写作的畏难情绪，兴趣自然能够增强，写作热情也会提高。每个人都有天生的探求心理和求知欲望，在实际的教学当中，教师可以选取符合初中阶段学生兴趣的事物对教学加以引导。

例证2：七年级下册第一单元写作版块"写出人物的精神"

每一位学生都有一些自己喜欢的人物，或是伟大的领袖，或是平凡的英雄，或者就是身边某个熟悉或陌生的角色，但他们都有一种精神吸引着我们，教师可以让学生自由选择人物。例如，有的学生会被身边某个朋友所具有的美好品质所感染，那么他就可以将这位朋友作为选择对象，观察他的外貌、动作、语言等，也可以记录在某个事件中选择对象表现出来的性格与气质。同时，教师可以在课堂引导中不时地设置一些有新意的小目标、小任务让学生完成，这样更可以激发学生探究的欲望。学生自己的选择是建立在兴趣的基础上的，带着好奇去探究人物，更有动力去搜集资料，完成写作。通过这种方式，将内心的需求转化为行动的内驱力，并且在这个过程中收获完成任务的成就感和愉悦感，从而发现写作的乐趣，培养写作的兴趣。

对于教师来说，想要教好作文课，不能仅仅依靠学生一方的"乐学"，还要教师"乐教"，具备作文教学的热情。教师的职业情感，教师是否乐意教作文的情感态度，都会在潜意识里影响学生对待写作的态度，影响教师的教学方式，从而影响实际教学的效果。

教师作文教学的热情，一方面来自于对教学工作本身的责任和热爱，对在教学工作中面临的教学任务和问题有强烈探究的欲望，面对写作这个具有难度的教学内容，怀有内在的探索动机。面对这部分教师，需要继续保持他们对教学工作的热忱，提供一定自由发挥的空间，为教学工作的开展提供个人发挥的余地。尤其要合理分配教学任务，设定教学目标，给教师一些教学自由度，才能在实际的写作教学中利用好教材，合理调度教学资源。教师作文教学的热情也来自于教师自身对写作的兴趣。然而部分教师也存在对写作缺乏兴趣的情况，自然而然地也缺乏写作教学的热情。这一部分教师，一方面可以有意识地多读有关写作文方面的理论图书，整理思考自己在写作过程中存在的问题和缺失，不断反思教学中存在的问题，提高自己的写作专业素养。只有教师自己摸清了写作的门径，掌握了写作的方法，才能有信心和兴趣教学。另一方面，既可以加强师师交流，沟通在写作教学中遇到的相关情况，探讨教学方法，减少对于写作教学的不良情绪，也可以加强师生交流，了解学生对写作的态度，在教学方面想要获得教师的哪些指导，通过与学生的沟通，可以使自己的教学更有针对性、目的性。尤其是在沟通中，如果教师能够感受到学生通过自己的努力对写作产生了兴趣，获得了进步，那对于教师而言，这些成就感就是最好的动力，从而激发教学热情。

（二）重视读写结合教学理论

无论是教师还是学生，都应该具备正确的读写结合观念，重视学习读写结合的理论。特别是老师，要在课堂上有意识地渗透读写结合理念，在阅读课上涉及技巧方法的部分，不能仅仅强调阅读方面，一味地学习阅读理论，还要引导学生注意进行阅读与写作的迁移。

例证3：八年级上册第二单元

这一单元的写作版块主题是"学写传记"。在讲授时，就应有意识地将写作教学与阅读教学联系起来。在这一单元的阅读版块中，《藤野先生》《回忆我的母亲》《列夫·托尔斯泰》《美丽的颜色》都是人物小传，在讲授这些阅读篇目时，就可以有意识地引导学生进行读写迁移，学习如何写人物传记。如朱德《回忆我的母亲》这篇文章，作者主要记述了母亲养育众多子女的艰辛，勤俭持家所展现的贤惠与慈爱，面对苦难时的坚韧，支持儿子追求革命理想的深明大义，通过一系列平凡而又典型的生活细节，刻画了一个代表中国劳动人民优秀特质、勤劳淳朴、善良宽厚的母亲形象。教师可以通过文章鲜活的例子，引导学生在写作人物小传时，不一定要像散文小说一样进行细致入微的刻画，通过典型的、特别能表现人物性格特点的日常生活点滴，也可以实现刻画人物特质的既定效果。

这样，在进行写作单元的"学写人物小传"时，学生在前面接触过相关知识的基础上就不会陌生了，反而更能够进一步思考写作的方法，加入自己的见解，在学习其他类似内容时，有意识地思考在阅读课上掌握的知识能否与写作内容联系起来，可以与哪些具体的写作内容相联系，将课堂资源利用最大化。对于教师，要深入把握部编版初中语文教材的新特点，作文系统扩充了理论知识，新增了操作性知识，看到作文系统的新变化。在写作方法的安排上，阅读教学内容与写作教学内容具有很强的相关性，循序渐进，教师要把握好每一阶段读写教学的目标，紧紧以教材为依据进行教学设计，做好阅读与写作的结合。在实际的教学中，一些教师认为写作教学不如阅读教学见效快，出现了"重阅读，轻写作"的心理，忽视了写作对阅读的促进作用，尤其是在教学时间紧张的情况下，往往会忽略写作教学环节。阅读与写作相辅相成，缺一不可，要紧紧围绕读写目标开展教学，重视从不同文体挖掘读写结合点。

二、实施良好的读写结合教学方法

读写结合策略的合理运用，对于优化课堂教学效果、提升学生读写能力、创新作文教学方法，都具有积极意义。对于写作教学而言，读写结合策略的实施，最直接的表现形式就是在阅读教学中充分利用课文资源，挖掘其中对写作具有指导意义的元素。通过梳理课文写作思路与技法加深对文本内涵的理解，在提升阅读分析水平的同时，充分理解、利用这些展现丰富思想性、艺术性的写作技法，练习作文写作，提升综合表达能力。部编版初中语文教材对读写资源的整合与教学内容的巧妙设计，为这种教学思路的实施提供了坚实的基础。

（一）发挥阅读教学效能，促进作文教学发展

阅读是吸收，写作是倾吐，写作源于阅读，源于生活，在教学层面，是很难将它们分离开的，两者相辅相成，共荣共生。学生在阅读课上所学的文

学作品，都是优秀的运用语言的典范，由于作者的经历背景不同、语言风格不同，作品所呈现的风貌也是有很大差异的，它们或朴素、或婉约、或艳丽、或奔放……这些都是学生学习写作的典范。

1. 读"内容"助力"写什么"

语文学科是具有工具性的，学生不能死读书，教师也不能死教书，要利用好语文教材，举一反三，学会积累。在写作中，如果没有一定的素材积累，就会处于一种无话可说的状态，更不用谈如何表达的问题了。让一个渔民描绘海的形状，他一定是非常熟悉的，因为渔民的职业要求与海为生，每天和海洋打交道，对海洋有自己深切的体悟，只要细心观察，仔细思考，是一定有写作的灵感的。但是你要是让渔民去描绘沙漠的样子，可能就会有一定难度，因为他对沙漠的接触较少，缺乏写作的内容。对于初中阶段的学生，他们的写作生活来源是相对单调的，如果常常对身边发生的事物视而不见，缺少感知生活的能力，那么就很可能一件素材反复使用，缺乏新意。

改变这种现状的途径之一，就是阅读。知识与材料不是凭空得到的，阅读教学，要关注学生的积累，指导学生积累写作素材。当然，这里的积累，并不是简单机械的摘抄记忆，而是需要让学生内化于心，与自己的知识系统融合，实现量变到质变的飞跃，下笔如有神。

2. 读"表达"助力"怎么写"

在现实生活中，常常会出现这样的情况，一些同学也阅读过很多图书，但是真正到了写作的时候，不一定能够利用好这些写作资源，甚至还会出现不知如何动笔的情况，缺少与写作有关的程序性知识，不能掌握写作的方法。《义务教育语文课程标准》（2022年版）课程目标中总目标对写作的要求体现为："能具体明确、文从字顺地表述自己的见闻、体验和想法。能根据需要，运用常见的表达方式写作，发展书面语言运用能力。"从中不难看出，初中阶段对于写作教学的要求是包含写作技法层面的，很多同学不知道怎么写，就是缺乏写作的方法技巧，缺乏写作策略。

想要写出一篇文章，光有写作的内容是不够的，也就是仅仅知道"写什么"是不足的，还要知道"怎么写"，包括如何审题立意、如何布局谋篇、如何遣词造句、采取何种表达方式，等等，这些技法知识的掌握需要不断地练习才能获得。部编版语文教材是阅读与写作教学的基础，教师要注意挖掘教材资源，在阅读教学中引导学生从中汲取营养，为写作助力。

3. 读"思维"助力"为什么写"

我国《义务教育语文课程标准》（2022版）要求学生写作时能够根据表达的需要，围绕表达中心，合理安排表达方式与内容，其实也就是在写作时要有表达的重点，有自己的思考和想法，即"为什么写"。

现实中，很多同学的作文看似长篇大论，实则内容繁杂，缺乏逻辑，不知所云，究其原因，不仅仅是内容、表达方面的问题，在表达目的、想法上也出现了问题，换言之，一些同学的作文就是为了完成任务而写，"为了表达而表达"。教师要依托阅读教学，尝试引导学生揣测作者意图，可以和学生共同阅读，将自己的阅读想法与学生的阅读发现进行交流，碰撞出思维的火花。学生可以在阅读中思考作者写作的构思与想法，为什么要这么写，通过文本的语境线索明确作者的写作思路和艺术构思，在阅读中产生主动挖掘写作思维的意识，进而丰富自己的言语思想，培养写作意识，提高思维能力。

（二）依托教材读写资源，优化整合教学内容与课时安排

在具体的教学实践中，教师可以有效利用前述各种部编版教材的编写特点，将读写结合理念贯穿于教学内容与课时安排的优化组合、系统读写知识体系的构建等方面，促进作文教学的改善。进而，以课本内容、课堂教学为中心，延伸扩展出一套持久的读写结合训练机制，为学生培育热爱阅读、勤

于写作、持久提升的学习模式。

作文是难度较大，必须投入大量时间、精力逐步积累、长久训练，才能取得成效的教学项目。现实中，有限的课时与丰富的语文教学内容，常常导致留给作文教学的时间捉襟见肘，教师对写作技能的课堂传授不够，学生围绕写作的训练程度有限。面对这一问题，优化、调整现有课时势在必行。事实上，部编版初中语文教材阅读版块与写作版块紧密联系、前后呼应的结构特点，为这种优化组合提供了很好的基础。

阅读版块包含大量指导写作能力提升的内容，写作版块针对这些内容进行主题设计与之回应。部编版教材的这种显著特点，使我们能够较为灵活地优化组合教学内容。在具体教学实践中，不应机械地按照课本页面顺序排列课时，而应将不同版块间相互对应、重合的内容安排在一起。对于写作教学而言，在正式讲解写作版块核心主干之前，完全可以先将部分写作内容分散在以阅读版块课文讲解为主的课程中，在完成一项教学内容的过程中，同时实现读与写两个教学目标。借助读写结合理念，可以充分发挥教学资源的效用，提高教学效率，变相增加写作教学的课时，在学生练习写作长篇大作文之前，借助阅读课程学习做好足够准备。

（三）沿循教材编排思路，构建系统的读写知识体系

梳理部编版教材各单元的写作版块，会发现其编排思路是非常清晰的。初一从记事写人、选材构思、描写抒情、语言表达各方面全方位训练记叙文写作。初二逐步由记叙文写作转向说明文写作。初三上学期则集中训练议论文写作。其间，穿插新闻、传记、演讲稿、游记、故事、诗歌的写作讲解，改写、缩写、扩写、仿写等技能练习。初三下学期从润色、创意等更高层次对写作能力再次进行完善提升。与此相应，阅读版块的选文与教学内容，也大致沿循类似的思路编排。沿着这些教材内容经过三年学业，最理想的学习结果是学生能够构建起一套系统、完备的阅读、写作知识体系。这又是在读

写结合理念下形成的，因此教师在日常教学中，应注意将分布在各个章节单元的知识内容进行整合，为学生搭建系统的知识体系。

以九年级上册的八篇议论文和三个写作版块为基础，再结合此前各册教材中编选的议论文代表作，将这些阅读、写作版块中包含的知识内容、能力训练加以整合、总结、提炼，便可梳理出一套议论文阅读与写作方法技能体系。这种体系的建立，将各单元教学内容加以综合提升，可发挥出"1+1+1＞3"的效能。此外，教师还应注意到分布在不同单元的教学内容的前后相关性，比如：七年级上册第四单元写作版块"思路要清晰"，八年级下册第二单元写作版块"说明的顺序"这两个单元处于不同学期，分别侧重记叙文和说明文的写作学习，但两个单元都涉及时间、空间、逻辑三种写作顺序的理解与运用。运用恰当的写作顺序，对于清晰地构建行文思路、展示表现对象都具有重要意义，是一项需要长期练习的技能。在写作教学中，对于这样的技能培养需要反复强调，在不同年级、不同单元的阅读、写作教学中，形成一以贯之的练习机制，最终固化到学生的读写能力体系中。为更好地达到教学效果，还可以运用知识迁移、比较的方法，引导学生理解写作顺序这项技能在记叙文、说明文中的不同表现，实现知识的融会贯通、灵活运用。

（四）以教材为中心，扩展构建持久的读写训练机制

读写结合的合理运用，可以优化课时资源，提高课堂教学效率，使学生构建融会贯通的知识体系，夯实学生的基本读写技能。但这些仍是提升写作能力的必要外部保障，优秀作文的诞生，最终靠的还是长久的实践积累。因此，必须在课堂和教材之外，构建起一套多读多写、持久训练的机制。

1. 利用教材推荐资源建立基本阅读库

第一章已指出，部编版教材阅读版块的一些练习设计，专门引导学生以教材课文为中心，扩展学习范围，收集写作素材。此外，"名著导读"等版块，会在学习过程中定期推荐古今中外的代表性经典作品。教材中的这

些资源，可以初步形成一个阅读文献库。教师应在课堂教学基础上，引导学生合理规划时间，特别是要利用所学的阅读方法、写作技巧，对读库中的经典名著作进一步精读，并定期提交读书笔记或读后感。事实上，能够认真完成教材所推荐的经典阅读文本，完全可以使一名中学生建立起良好、稳固的阅读行为习惯。在此基础上，可根据个人兴趣，继续运用正确的读书方法扩展阅读范围。

2. 构建以周为单位的写作主题训练机制

教材中设计的每一项写作训练都应予以重视。但由于课时有限，这些练习不可能全部都在课堂教学中完成。这种情况下，完全可以利用教材中的写作练习资源，构建长期的日常写作训练体系。

很多学校会给学生布置写周记的任务，这是一项促进多写多练的良好机制，但周记写作通常没有明确的主题和模式。这样虽然可以促进学生观察生活，将打动自己的日常点滴用真情实感加以表达，但有时缺少目的性的周记写作也可能导致学生无从下笔，对写作训练的针对性也不强，一些写作积极性较差的学生，也可能胡乱拼凑、盲目应付，由此使周记变成一种例行公事的"负担"。其实，完全可以将教材中的各种写作训练与周记写作相结合，形成以周为单位的定期写作训练。可在每周初，围绕近期阅读、写作学习中的一些专题内容，设计出本周的周记写作要求。比如：确定一个具体写作主题，要求学生使用某种特定修辞表达或篇章技法，等等。之后，学生可以利用一周时间，结合自己的生活，完成这一写作任务。这样，既能满足学生广泛记录、自由表达自己的意愿，也能使周记写作具有一定的针对性、系统性。每周集中训练一种技能，经过一个学期、一个学年的探索，便能够通过写作建立起比较扎实的读写技能体系。

3. 培养修改、提升、反思的读写习惯

写出一篇作文，不是一次写作练习的结束，而是一个新阶段的开始。教师在批改学生作文时，应着重给学生提出进一步修改、提升的方向。学生应将修改与写作视为同等重要的两个环节，在不断的反思、改进中提升写作质量。其实，不仅是改进自己的作文，在阅读其他文章时，也应该善于学习优点、辨析不足，反思如果是自己来写，能够从哪些方面做得更好。需要我们在写作中反复磨炼，不断提高。

第六章 体验式教学下初中语文读写结合课堂活动研究

第一节 体验式教学内涵概述

一、体验式教学的定义

汉语中"体验"最早出现在《淮南子》："故圣人以身体之"；《荀子》："好法而行，士也；笃志而体，君子也。"对此可以充分理解为以身体之、以心验之。鲁迅先生曾经在《花边文学·看书琐记》中说："文学虽然有普遍性，但因读者的体验的不同而有变化，读者倘没有类似的体验，它也就失去了效力。"鲁迅先生的话很好地诠释了因为人与人的生活经历、家庭背景、处世阅历的不同，在看待同一件事物时依旧会产生不同的观点，倘若观者完全没有相关经历，那对于作者的情感也就没有领悟体会的动能。

体验：通过实践来认识周围的事物或亲身经历。亲身经历的体验，也被称为体会。亲身经历的事情让我们感觉更真实，也更容易在记忆中留下不可磨灭的痕迹，能够在未来的日子里不断回忆曾经的经历和当时的情感体验，从而对未来的发展产生自己独有的评判和预示。也就是说，体验就是每个人经历后所产生的自己个人的感受。

德国哲学家威廉·狄尔泰曾经提出人文学科的学习方法论，他认为："自然科学需要解释说明，对人则必须理解。"也就是说，对于人文科学类的学科学习不仅仅需要熟悉解释说明，而且需要再度体验人的各种生活，只有通过这种"体验"才能达到"理解"，以个体的人生经验去体验存留于文本中的他人经验，或者亲自体味生活中的感悟，不仅理解了别人，更加理解了自己。因此，体验成为一种解读文章的新方式。"体验"一词在哲学、心理学、教育学等诸多不同领域都有不同概念和界定。自体验教育提出后，国内外有众多学者对体验教学提出了自己的观点和论述。其中美国教育家约翰·杜威的观点认为："教育即经验的不断改造。"这里的"经验"实质上就是体验的意思。德国存在主义哲学家、教育家卡尔·西奥多·雅斯贝尔斯认为："教育的过程是为了让受教育者在实践过程中自我学习和成长，而实践的特征是自由游戏和不断尝试与体验。"更有学者把体验当作教育的目标、教育过程的本质以及达成教育目标的手段和方式等予之阐述。

语文学科本身就是极具人文特点的学科，作为人文类学科的对象和话题，很多知识都需要用心体会。教材中每篇文章都源于生活，因此课堂只是获取知识的出发点，能够深入生活进行体验才是体验式教育的内涵。鼓励学生到生活中去，到文章中去，到自我的思想里去深入研究和体悟，不仅仅将教学联系生活，更应该让学生与生活联系得更为紧密，这样才能便捷有效地让学生理解文意获取知识，才能让学生了解人生、创造生命的自我价值。因此，语文学科的这一特性决定了语文学习必须通过自身的经验体悟使文字本身蕴含的知识内化和存储。

虽然一个人的生命是短暂的，但在一个人一生中的经验可以是非常丰富的。这些经验包括但不限于生活体会、个人人格、主体思想、语言行为习惯等非共享的自我经验。日常生活中，学生可以接触到的情境包括置身大自然、家庭生活、个人的成长、思想的不断充实、社会的发展、科技的进步，等等，而在这些情境中，学生随着年龄的增长，生命经历的成果将会愈加满载，而经历阅历的增长就一定会在学生自身的内心和思想上留下痕迹，会在人生的历程中塑造价值观，在时间的流动中形成个人魅力。

二、体验式教学理论及其发展

体验式教学的历史可以上溯到中国的先秦时期、古希腊时期以及古罗马时期。孔子曾经"删诗书、定礼乐""述而不作"；苏格拉底与孔子相仿，一生述而不著。他们在教学中，经常是以问题设置情境，让学生自由交谈，提出自己的想法，再不断追问，最后由学生自己顿悟道理。卢梭认为，教育就是生活的本身，人类的感官是从生活中获取知识的直接渠道，人的感觉和观察是形成知识和经验的基石，真理的出现和验证都是依靠人类作为主体主动自行检验的，而不是让接受者直接拿走现成的经验。杜威同样认为，教育就是让学生在设定问题的情境中自己探索，将获得的经验自行吸收改造重组，自己推导出适合自身发展的成果，提高自身的认知。

只有把学生放在课堂教育中的主体位置，才能够让学生在教育过程中觉醒自我意识，让学生周边的真实生活与课堂教学联系起来，能够使学生更好地理解和体验，通过老师的讲解和教学看到人生的价值和事物的本质。在众多的体验式教学研究理论中，研究人员将体验式教育赋予了不一般的定位，其中，有一部分人将体验式作为"学生主体参与的一个重要维度，重视学生在教学体验中的绝对作用"；有些人认为"体验是现代校外教育的基本特征之一"，将体验教学与课外教育、校外教育合而为一。以上这些论述，从教育的各个方面对体验式教学进行了立体式阐释。

在这些解释中我们不难看出，体验式教育中体验是所有论点的核心，而体验不仅强调"教"与"学"过程中的体验，还注重在体验中所包含的情境、情感、主体等方面。同时，教学过程是涵盖"教"与"学"两部分的，所以体验式教学和体验式学习是体验式教育的一体两面，是体验式教育的细化。

综合梳理以上观点，笔者得出如下结论：在体验式教学中，教师需要针对学生各自特点和接受方式的不同，设置出不同的生活情境，或者为学生创造实践的机会，让学生深入其中亲历体验，依据学生的感官、情感、直觉等方式，独立自主地体验教学情境，并从实践中获取知识、体会情感、感悟生命，提升审美、价值观、知识储备等成果，使学生提升自我修养，获取知识储备，不断塑造自我。

三、初中语文新课程标准对体验式教学的要求

自从初中新课标实施以来，素质教育的呼声越来越高，课堂改革在众多一线教师的推动下不断前进，分数至上的应试教育不再是教学的主要目的。为了在世界信息化大潮中使课堂教学继续走在学生的前面，让学生的知识储备更多地在课堂上教师的积极带领下进行，现在的语文课堂教学，就更加需要教师能引发学生的学习兴趣，引导学生向健康乐观的方向发展。

在此基础上，加强体验式教学方式的运用。在课堂上，学生不仅仅凭借书本学习知识，更是要在教师的点拨、指导下将知识形象化，学生能够主动地、形象地获取知识。同时，需要学生在身边的生活中，依靠感官、直觉等充分体味、感悟生活，获得一手的感受，再将获取到的感受内化提炼，进入不断认知、创造的循环过程。在这一过程中，根据现有的经验，学生依靠自己的感觉器官，如眼睛、耳朵、手，使现有的知识和经验在教学活动中再次重现，从中提取出有用的知识、技能、情感态度、价值观等。通过体验式教学，学生能够最大程度地将课堂上教师传授的知识经过理解消化，转化为属于自己的情感体验和知识技能。

（一）体验式教学要尊重学生的主体性

体验是一种经历，包括一个不可替代的相关生命主体的整体生活，主体本身和生活经验是分不开的。体验式教学在教学的过程以及效果上，都需要

充分地尊重学生作为被教育者的主体性，保证学生真正成为教育教学活动的参与者，是教学历史中对治学观和教学价值观的整体概念转变。

在体验式教学中，阅读与写作的教学需要学生们更加深入、充分地了解生活、体验生活，从而获取第一手的生活经验。也可以这么说，读和写的外延等于生活的延伸。体验式教学思想主张生活经验是学生的读写来源，阅读和写作，也同样不能脱离学生每天经历的日常生活，阅读和写作是外化的、抽象的学生生活经验和情感的表达。而生活经验正是学生实现自我的学习体验，当学生去主动体验生活经历生活，才能从生活中总结经验知识，转化成为自己对于日常生活的独有情感，他们的学习热情和主动性将被唤醒，主体意识会更加强烈。能够更好地明确学生的主体性，充分刺激学生的积极性，并且让学生通过真诚的表达抒发个性情怀释放自我，这样算是真正的体验式教学。促进学生的主体性发展，不等于学生就可以像专家一样具有独立阅读和写作的能力，学生的阅读和写作仍然依托教学活动，教师依旧必须为学生的生活经验转化创造有利环境条件，引导学生在日常生活实践中积极主动地以生活小主人的主体身份体会生活，积累经验。教师提倡体验式教学，组织、引导、管理学生的体验感。

（二）体验式教学要引导学生体验生活

学生与需要体验的目标距离缩短，甚至融合为一体，才能产生对经历的体验。体验式教学，第一位就是学生必须参与到生活和事件的体验中去。让学生亲历生活、感受事件，才能有对亲历的感受。间接获得的经验，也是一种体验。我们提倡学生读更多的书，用阅读提升写作。阅读需要学生设身处地、换位思考，体验文章中的精神、情感、心理，打开自己的内心，接受融合文章中所有的人物的心理、情绪、情感，转化为自己体验生活实践后获取的知识的一部分。当学生表达和描述经验和感受时，迸发出的是经过自己酝酿的生活经验的火花。

作为一种生活经验，生命和行为密切相关。当我们说一个人一生的经历，并不意味着他以来自外部的角度旁观知道或认知这种生活，这意味着他经历过这种生活，并在生活的过程中对生活经历有着深刻的理解，有对生命的深刻体验。在传统的教学模式中，学生是被授者，被动地获取教师教授的知识，只需要接受、记住、考好，不要求思考、辩证、运用，学生不能通过思考获得自己的经验。与此相反，体验式教学基于学生的经验，帮助学生理解文章的背景，更好地从思想上亲历文章的情境，让学生从身到心地感受体验经历，以产生对生活的深刻理解和感受。体验式教学不仅是在课堂上创造一定的情境让学生体验，还要让学生看到教室外面缤纷多彩的大自然、形形色色的社会。只有更加贴近生活，积累对自然、社会、生活、生命的本质的体验，学生才能走出课堂，走进生活，获得更深入的体验。

（三）体验式教学要突出学生的个性化

所谓个性化就是非一般大众化的东西，独特、另类，拥有自己的特质，独具一格、与众不同、不可替代。在体验式教学的观念中，将学生定义为完全不同的个体，从思想到行为，从生活方式到社会性，从认知结构到价值取向，即使是在面对同一认知对象的时候，每个学生依旧可以形成不同的个人经历。这是随着每个不同的人不同的生命节奏而产生的独特的、具体的、生动的个体经验，也是最真实、最不可替代的经验。每个学生都拥有自己独具一格的情感体验模式和从生活学习中提炼知识点的不同方式。如果一个班级中，每个学生都拥有完全相同的家庭、经历、体验等，那就不能被称为体验了。不同的学生拥有不同的家庭环境、教育背景、生活地域等，而这些就造就了不同学生的不同生活经历。学生在自己的情感基础上，通过想象和联想，获得独特的认知和对生活的理解。虽然这种理解对另一些人来说，也许早已经知道，但对于学生个人，有足够使人兴奋甚至惊讶的新鲜感。可以让学生通过自己的主体性，通过自己的人生经历、对日常生活的觉醒，以其独特的生命体验为灵感的源泉，进行阅读和写作。阅读和写作的过程是学生创造性展示的过程，通过体验式教学，让个人、个体展示经历的不同，展示个体性特征。

（四）体验式教学要具有整体性

学生在生活经历中的认知是对整体的识别，并非将其分化成几个部分进行比较分析。经验不是一个单一步骤，在其中蕴含着一整套明确的环节，是学生对认知对象的全新的、全面的、跳跃性的理解和领悟。体验式教学注意到教学内容的垂直和水平方向上需要保持整体一致性，为学生的经验来构建一个完整的背景。

第二节 体验式教学下初中语文读写结合的意义

一、凸显课堂主体的真正内涵

"读书破万卷，下笔如有神"简明扼要概括了读写要紧密结合的道理，只有心中有丰厚的文学积累，才能写出优秀的作品。《义务教育语文课程标准》（2022年版）也提出阅读的过程就是汲取知识、采集信息、了解外界、锻炼思维、得到情感体验的过程。而写作的过程是使用阅读中积累的优美语言来表达自己对外界认识的过程。阅读是写作的基础，写作是阅读的提升。基于此，教学过程中应该注重将阅读和写作完美地结合，助力学生写作能力不断提高。

在语文教学课堂中引入体验式教学方法，在近几年是一种新的且不断被实践的创造性教学模式，这种课堂教学的概念决定了焦点更关注学生，教学课堂上以学生为主体，教师引导学生，共同完成教学任务。学生的主体性建设，需要能够培养其自主思维的能力。孔子早有"因材施教"的理论，倡导个性体验的教育是现代教育的必然需要。

科技发展到今天，很多的知识可以从发达的网络中获取，一言堂的教学方法已经不能满足学生的好奇心和兴趣点，填鸭式的教育更是现在很多00后、10后的学生抵触的重灾区，而信息爆炸的时代，更加需要人们具备终身学习的能力和意识。而怎样将学生的目光和兴趣点吸引到课堂教学中来，是每个教育人需要探索和解决的问题。中学语文教学新课标的变化就是从课堂教学的变革入手。将阅读和写作课堂教学相结合，老师引导教学主体——学生——就教学问题进行探讨，引领学生热爱生活，加深对生活本身的理解和体验，并鼓励学生独立、自主、明确地表达自己的感受，在不断经历体验和肯定中，增强自我能动性，提升自主学习的能力，在学习中作为主体真正掌握主动，并努力争做自己生活的主人。简而言之，课堂主体内涵就是学生，教师在课上讲再多的知识，也转化不了学生自己的能力知识，只有学生在课堂上的自己学会合作探索，才能生成知识，转化成自己的能力。

二、读写结合是对文章的全新认识

文章是人们对客观事物认知过后的产物，是非语言事物的载体，人们互相表达意愿、交流思想时采用"写"文章的方式进行，而人们获得知识、获取别人的经验时采用的就是"读"文章的方式，这一读一写，就是一篇文章的一体两面，是不可分割的整体性社会语言现象。将阅读的归于阅读，写作的分为写作，就强硬地拆分了文章的自然属性，违背了人们认识客观事物、表达和交流思想的规律。

体验式教学推动教学改革。教师可以在学生阅读完文章时给大家设立一个情境，来引起学生的兴趣，让他们有解决问题的动机；然后自己查询资料，自由结合成小组去探究，等学生有了自己的实践成果交给教师检验，由教师来评价，指出其中的优缺点，表扬其突出的地方，指出不足之处，让学生及时改正。词语是组成一篇文章的关键，所以激发学生对词汇的理解也是阅读体验式教学中的一部分。其实体验式学习与传统的课前预习、课后复习没有大的出入，只是内容上有些变动，纵观体验式教学中的诸多优点，体验式教学可以推动初中语文阅读教学改革。

而本文所倡导的在体验式教学的主旨下读写结合教学，就是将读与写互动、互载，强化读写一体的意识，重新将阅读与写作教学这两个拆分散乱的板块整合到一起的过程。读写结合的过程其实就是获取信息、内化信息、重新以文字形式交流信息的过程，将获取到的外部信息收集、筛选、整理、储存的过程就是写作，成文后，通过言语理解的方式重新获取内容的过程就是阅读。以上两个阶段及其操作方式就形成一个完整的信息流动过程，也就是读写结合一体的过程。

三、有利于加强学生表达训练

因为受应试教育的高压影响，并且语文考试中阅读和写作占据了大比分，所以学生为了拿高分，背诵标准答题格式，生搬硬套高分范文，"人"与"文"分离，文章作法模式化，偏离了作文课程的性质和目的。只有通过学生的亲身实践、生活体验和阅读体验，获得丰富的积累，才能让学生做到"我手写我口，我口表我心"。

教师在课堂中向学生讲述的语言运用和表达方式，必须通过让学生亲自表达才能体现出来，既能够训练学生的词句运用，又能够让学生对阅读获取的表达方式加以熟练运用，使学生眼、手、口、脑同步进行，做到通过阅读强化词句，锻炼写作，提高写作水平。在阅读后让学生进行仿写、扩写、书评、读书心得等的炼字，读片段，写片段，学生的语文读写爱好和能力得到培养，读写能力获得提高，不论"说"的表达，或者"写"的表达，都能够得到强化与提高。

"语文课程丰富的人文内涵对学生精神领域的影响是深广的，学生对语文教材的反应又往往是多元的。因此，应该尊重学生在学习过程的独特体验。"教师可以让学生多思考，不只局限于一两种思考问题的方式或答案，鼓励学生从各个角度考虑问题，多听听学生的想法，可以更好地进行教学工作。比如做阅读理解题时，先不要急于给出答题模版，开发学生的思维，让学生综合社会、道德、历史等因素看问题，在课堂上发表自己的看法，说说对这篇文章的理解，对给出的问题要如何去合理地回答。每个人都发表意见，这样解决阅读题目就有了多元化的策略。在发表自己观点的过程中还锻炼了学生的语言组织能力、逻辑思维、实际操作能力等。教师注重了学生是一个独立的个体，有自己的思维，让他们在体验式教学中将独立的个体与其他的个体对比、合作，充分发挥了学生在阅读过程中的主动性和创造性，教师也能收到较好的教学成果。

新课标强调教师要在教学中让学生走出课堂，细致观察身边事物，细心了解自己内心需要，真正迈入生活，融入社会，去感受、去体验、去欣赏，去认识新的生活、新的自己。在观察的过程中让学生自己收集积累能够用于阅读写作中的相关情感感受和写作素材，提升自身文学素养。学生在生活体验中，用语言写出自己的生活，写出自己的情感，着重强调的是写作的内容需要源于学生的切身体验，感受生命的自由，是学生个性的外化表现。体验式读写教学作为一个学生与文章的交互过程，在阅读中获得生活感悟，通过写作进行表达，两者互相促进，帮助学生了解读和写就是个体与自然、社会、他人、世界沟通的渠道，能够最大限度地点燃学生写作的兴趣和主动性，加强学生的语文表达能力，养成独立写作、自主自觉写作的良好写作习惯。

四、培养学生的创新精神

刚开始写作时，学生可以模仿优秀作品，但模仿既没有自身真实体验，也不可能创新，缺乏蓬勃生命力，真正的写作应该有自己的特色。在这期间，教师对于学生的表达方式、表达语言以及情感体悟等都应当保持开放的态度，而不是理性的、分析式的、"一刀切"的科学合理的标准答案，这样学生才能真正意识到读写的趣味以及给自己带来的成就感，才会真正地积极主动地体验文章、体验生活，动笔表达。

阅读教学是学生、老师、课本之间的交流过程。体验式教学注重学生对阅读有自己独到的见解，尊重学生的独特性。在以往的教学中，阅读题都有特定的答案，限制了学生的思维，禁锢了学生的想象力；开放性试题较少，且学生的答案不能偏离标准答案的范围太多，否则分数就会降低。这相当于"专制"教学。现在运用体验式教学，学生可以对问题有更多的看法，发挥他们的主动性，在学习上有更大的自主性。"师傅引进门，修行靠个人"，教学是以学生为主的，老师只是一个引导作用，学生有自己的想法，将这种想法付诸行动，对他们自身会有更大的帮助。传统教学让学生缺乏创造性思维，现在将镣铐从学生的思维上摘除，教师"授人以渔"为他们提供更广阔的天空，让思想驰骋，挖掘学生潜在的智慧。

体验式教学中教师给学生更多的空间，学生可以更好地与教师处理好师生关系。从学生学习的独立性、自主性及融洽的师生关系来看，将体验式教学运用到初中语文阅读教学改革中是十分必要的。认清体验式教学内涵，创造轻松学习氛围，体验式教学可以根据学生的认知特点，通过创造实际的情境，使学生在体验过程中理解、构建基础知识，是一种具有生成意义的教学形式。体验式教学也是解放学生思想的一种途径。教师给予学生自主思考的空间，不限制学生的思维，让他们各抒己见，说出自己的观点，学习教师教给的方法，得到快速的提高。体验式教学还是学生品德形成的催化剂和心理健康的保障。

什么是体验式教学，就是让学生亲身经历每一个学习的过程。什么是"创造轻松的学习氛围"，就是给学生思维上的自由。教师可以为学生布置学习任务，让学生在好奇心的驱使下去发现问题，与合作伙伴探讨并去解决问题。这样的学习可以让学生记忆深刻，提高他们学习、合作的能力。因为体验式教学中充分利用了学生多种感官，通过各种不同形式的体验，学生的感性知识和直接经验在不知不觉中就丰富了，有利于学生对抽象化知识的理解。让学生自己去开发智慧，才能真正打开他们的智慧。

在学生主动学习的过程中，教师需要引导、激发、开拓学生的想象力、理解力和感悟力，引领学生充分理解文章本身的艺术内涵，理解自己的所思所想，同时帮助学生将自我个性、气质和生命意识注入情感体验中，在原有体悟的基础上重塑具有个人特点的情感。学习过程中有了自己的认识，有了自己的体验感悟，学生才能感受到作品的美，才能充分发挥主观能动性，才能将创新意识贯彻到写作中，才能将内心真实的情感表达得更加鲜明而感人，才会对再次阅读和写作产生浓厚的兴趣。

五、有利于激发学生学习兴趣

莎士比亚说过"一千个读者眼中就有一千个哈姆雷特"，传神地总结了不同的人对于文学作品的不同感受。因为每个人的成长经历不同、内心对经历的感悟和品位也不同，所以每个人的精神状态和通过阅读文章能够唤醒的情感也不同，而体验式读写教学方法就是指导不同经历的学生从同一文学作品中自主体味和感知美丽意境和高尚情操，并通过自我吸收梳理总结提炼进而重新表达出来的过程。

体验式教学是在传统教学的基础上作出的一些改变，教师通过创造一些生活情境或者将学生一些经历进行重现等方式，让学生通过自身的感悟获得相关知识，这样可有效地丰富自身的知识量。创设生活情境的教学方式与传统语文课堂不同，学生可以不只依靠教材进行语文的学习，还可以通过在教师所创设的情境中进行思考，有效地发现自己的不足之处，及时地进行改进。这种教学方式可以吸引学生的好奇心，提高学习兴趣，让学生主动地参与到语文学习中。传统语文课堂中，师生之间缺乏有效的互动，不仅使课堂气氛变得沉闷，而且很难让教师知道学生对所学知识的真实掌握情况。相比传统语文教学，体验式教学则体现出一些优势，通过创设情境的方式可以很好地调动学生的学习热情。在情境教学之中，师生之间会进行多次有效的互动，这样不仅活跃了课堂气氛，而且有利于教师真实掌握学生的了解情况。

中学语文新课程标准中鲜明表示，教师不能用枯燥的分析取代个性化的阅读过程，教学中，教师一定要调动学生自主思维的积极性，一定要调动学生内心、情感，一定要调动学生日常生活积累，以更好地理解作品，并重视学生独特的感受、体验和理解。在读写教学过程中，教师应该让学生读有所感、写有所言，并且能够受到情感的熏陶，体味到审美的乐趣，品味出与文章的共鸣。而体验式读写教学恰好符合新课标中提倡的理念，将读写教学的出发点从对文章进行机械分析转变为由学生自主理解和个性内化的方式，同时结合语文课上智能教学、情感教学，促进学生对于自我认知、情感认知和社会认知的不断发展，加速学生语言能力和语文素养的提高。

六、有利于学生阶段形成良好的价值观

怎样能够更加全面地认识生活，对写作来说非常重要。在学生阶段，学生的阅历不能够满足充分认识生活的条件，那么阅读就是了解生活，认识、体会语言魅力，学习如何描写、表达事物及情感的途径。在教学中，学生唯有更加充分地阅读，才能有更加精彩的写作。学生在阅读过程中拓展知识面，获得丰硕的知识储备素材积累，体会多样的情感，才能轻而易举地下笔写作，客观充分地表达自己的内心感受，不会出现文思枯竭、俗套范文的情况。学生时代也是学生世界观、人生观、价值观逐步形成的阶段，学生也会因为阅

读而逐步影响个人的情感认知和价值观，而写作正是学生个人的价值观的表现成果。教师在指导学生如何阅读和写作的过程中，能够及时发现学生价值观树立的倾向，能够及时纠正学生形成的不正确的观点，能够有效地影响学生的性格倾向和生活方式向积极健康的方向发展。

综上，阅读与写作绝对是亲密无间、不可分离的整体，广泛的阅读能够强化学生的表达、组织和逻辑思维能力，将内化的阅读转化为外化的写作，将从阅读积累的知识转化到写作的运用上，从读到写，以写带读，相得益彰。

第三节　初中语文课堂读写教学存在的问题

一、初中语文课堂阅读教学现状

（一）阅读课堂教学未突破传统教学枷锁

科学发展至今，专业人才的稀缺导致课堂教学目的演变成过分注重知识传授，而相对地忽视其他方面，包括学生智力的发展、创造力的保护、审美情趣的培养。而真正的语文教学，目的是引领学生探索日常生活之外的世界，同时提升语文知识和自身素养。

阅读是探索世界的渠道之一，中国语文教学在阅读这个版块存在学生不能充分阅读的情况。一直以来，在阅读的各个环节中，学生在课下不阅读，在课堂上也只有教师不断讲授，没有留给学生充分阅读的时间，单纯的是教师在台上讲，学生在下面听，忽视了体验文章体会情感的思维过程，那么学生的阅读能力可想而知。

"读书百遍，其义自见"是很有道理的，但是放在中学教学中就有些对学生太过放养。中学生对于语文的系统学习才刚经过小学六年，知识累积不够，生活经历和阅历也十分缺失，纯粹地靠学生自己的悟性读文章显然是不现实的。因而，很多经典文章由于学生本身的知识水平不能达到自悟的标准，就会感觉读不出美感，读不出生活，进而对所有的经典文章表现叛逆，更有甚者对经典文章嗤之以鼻，精神追求逐渐与经典文章分离。为了获得高分学生不得不背诵标准答案，这样不仅影响了阅读兴趣，而且对文章本意的阐释缺乏广度、深度和自由度。所以不论是语文教材中入选的经典课文，还是语文想要教授给学生的思想境界，都和中学生的自我体悟水平和阅历水平差距较大。与其说由学生稀里糊涂地读上百遍，还不如由教师带领在关键点上为学生提供助力，引导学生走向正确的积极向上的分析路径，这样才能达到让学生自主阅读学习知识的目的。语文阅读其实根本就是学生在教师的指导引领下自主学习的过程。

（二）阅读课堂教学忽略了学生的"读"

如今的中学语文教学中关于阅读版块的教学，大部分教师只看中不断解析文章、学生被动听讲的教学模式。教师急于将阅读体会的标准答案告诉学生，并总结出各种问题的回答句式和模块，让学生背诵答题方法和标准描述语言，对于学生真正阅读的时间一再压缩。这样的授课方式直接将学生原本积极的求知欲和对文章的好奇全部扼杀，并且把学生的个性化、创造力和学习的动力束缚起来，完全影响了学生阅读水平的提升。

学生语文素质的提高不能依靠读了一篇美文、教师讲授了一些知识要点就能够达到，阅读的素养只能通过不断地阅读、不断地体悟生命、不断地积累文化知识、不断地生活历练才能够获得。因此，阅读教学需要让学生走进文章，深入了解文章中的生活状态，领会作者写文的内涵，与文章和作者之间产生心与心的沟通和交流，通过这种深入了解的方式培育语文的阅读素养，提升语文能力，促进自身发展。

（三）阅读课堂教学与课程标准、文本脱离

与其他学科相比，语文教学提高成绩的周期是最漫长的，并不是教什么考什么，而是体现在对整个语文素养的考查上，导致语文教学和考试之间形成了一定关系的脱节，语文教学与学生的日常生活之间也同样脱节。在目前的语文教学中，学生只是简单记忆和接受课本中的既定知识结论，知识本身与学生无关、与生活无关。现在的语文课堂教学，大部分依旧是教师中心主义和管理主义的教学模式，学生的自主性受到压制，不利于学生对学习的自信心的建立，学生和教师之间成了对立的相互抵触的两个群体，教师和学生之间的关系时常处于斗智斗勇的对抗之中。这些无疑导致了体验式教学的缺失。

体验是阅读和写作的前提，缺失体验的阅读和写作都是空中楼阁，没有生活领悟作为地基，不论阅读还是写作都无法在最大程度上感受文章表达的情感，写作的文章中也多为雷同故事。学生生活经历的匮乏导致写作的素材紧缺，主动想象和创造能力减退，学生很难从生活中主动发现和探索问题，对文章的理解和写作更多的是一种"千人一面"的表达，而究其根本就是学生的语文教学脱离身边的生活。

（四）中学大多数阅读课堂教学设计不精准

中学语文教学的教学方法和课程教材上下年级之间不连贯，各自是独立的，缺乏完整性。初中和高中语文有许多重复的内容训练，教材编写只是单一的知识结构，缺乏明显的层次感，但是体验式教学需要的是呈阶梯状的方式。

再加上传统教学方法僵化单调，教师在课堂上只注重阅读和写作答案的统一，而不注重对学生进行方法的引导，没有充分考虑学生生活经历、情感和思想特点，在教学过程中不注意启发和鼓励，以及教师和学生之间缺乏必要的沟通和讨论，课堂气氛严肃，很大程度上阻碍了学生的思维拓展。

新课程标准强调，语文教学要鼓励学生主动参与到生活实践中去，参与到课堂教学中来，鼓励学生提高动手、探索、获取、分析、解决、交流、合作等方面的能力，逐渐改变原来偏重知识传授的教学模式，鼓励学生主动积极探索，教师不仅"授人以鱼"，更"授人以渔"，让学生在自主学习、合作探究中，在获得知识的基础上，更深入认识知识获得的过程，使其在亲身体验和实践活动中掌握获得知识的方法。

二、初中语文作文课堂教学存在的问题

（一）作文课堂教学难以激发学生写作兴趣、难以与个体生活体验相结合

传统教育模式的一个明显弊端就是功利化，由此而产生的就是应试教育模式。这种教育模式体现在作文教学上，表现为过分注重技法指导教学，而不重视人文思想和素养的培养。许多教师在进行作文指导时，通常采用的做法是进行范文讲评和作文写作套路训练，学生也多以所谓的《优秀作文选》和《满分作文》作为文章的最高典范进行模仿，这就容易导致学生作文内容上单薄，缺少思想性，而在形式上过于华丽和炫耀。

如果没有真情实感，作文就没有灵魂的"行尸"。由于学生缺乏深厚的社会生活体验，因此作文中容易出现抒情空洞、苍白的现象。如果一味地进行这样缺乏真情实感的作文训练，学生就会习惯于人云亦云，缺乏自己真实的情感、思想、个性，作文变成一种无关心灵和思想的精神负担，作文面目逐渐雷同。比如常见的一些现象是，学生周记中相当一部分人都写帮妈妈做家务的内容等，这在一定程度上表明，学生在作文训练中仅仅是把作文当成一种任务完成，写作基本上是在想象下完成的。

（二）作文课堂教学容易限制学生写作思维

在中学语文教育中，学生在应试教育的高压下，写作动机早已不是为感悟而写，而是为考试而写，为高分而写，写作的唯一目的就是应付考试中占大比分的作文题。学生背诵很多"优秀"作文框架和形式，在考试中生搬硬套高分范文，写作完全处于被迫、应付的状态，而不是发自心底的喜爱与憧憬。学生对写作的目的缺乏正确的认识，也就难以产生写作的兴趣。

可以说，一个人写作能力的高低是其语文水平和素养的综合体现，但实

际生活中，教师常常重视阅读而轻视写作，让学生没有从本质上认识写作的真正目的，只会用一些固有的写作模式和技巧装填空洞的内容，从而失去了对写作的兴趣，导致学生直到高中毕业，甚至上了大学，最基本的写作都有很大问题，提起笔不知如何开始，谈到写作文就感到恐慌、厌烦。

写作能力的培养是一个长期的过程，也是一个系统工程。所以，只有切实培养学生的观察、思维、逻辑能力，才有利于其写作水平的提高，否则纯粹的技巧训练不利于学生长远的发展。

（三）作文课堂教学陷入模式化的怪圈

受传统语文作文教学的影响，课堂教学依旧侧重于对写作格式、运用手法以及写作技巧的分析和讲解，以期达到"速成""高分"的效果，教师在写作课堂上大部分为学生教授的是各种文体的基本环节、结构、表达方式和步骤，用一些条条框框使学生的思维模式固化、僵化，最终，模式化的教学造成学生思想僵化，丧失自主写作能力和个性创造力。

传统写作教学模式即教师命题—作文提示或指导—学生写作练习—老师批改—老师评讲等几个步骤，但是在实际教学过程中，作文训练被简化为几个环节，先是教师指导，然后是学生习作，最后教师批改。这种作文训练模式虽然对学生写作水平的提高有一定的效果，但很难激发学生的写作兴趣，真正热爱写作，最终实现写作水平的提高。

（四）作文课堂教学大多为应试服务

在《义务教育语文课程标准》（2022年版）实施后，很多学校将体验式教学的概念引入语文写作的课堂教学中。但是，由于教师自身对于写作教学的体验式教育方法没有进行深入研究，再加上教师自身写作水平有限，所采用的体验式教学也只是徒有其形，具体操作上依然是按照已有的模式，传授学生作文写作方法和模版，更有甚者采用背范文的方式，无论写什么内容都采用同样的文章结构生搬硬套。这种情况下学生的思维就受到约束，形成固化而惰性的思维，长此以往必然形成作文教学的不良循环。更重要的是，一旦学生在作文中失去自己的情感和创造性，写出的文章就成为没有生命的东西，写作水平难以真正提高。

学生的写作依旧是向考试靠拢，从教师命题开始，到习作指导，全部都为考试服务，平常习作全是考试命题，指导全是模版套用，这样无异于告诉学生"学作文就是为了考高分"。学生不用思考，只用背诵，完全不能获得写作带来的身心愉悦，写作能力、爱好都没有得到提升。

（五）作文课堂教学忽略讲评作文重要一环

通常情况下，作文批改基本上是教师的教学任务之一，学生很少参与其中。而批改作文通常是一个工作量比较大的任务，是许多语文教师头疼的事情之一，因此在实际教学工作中，许多语文教师因为教学任务繁重，难以对所有的作文精心批改，教师所作的马虎批改对学生写作水平的提高没有多少促进作用，而即使老师认真负责，却也容易把自己的评价标准和思维方式通过评语的方式强加给学生，学生也就逐渐困于教师的思维模式和喜好下，缺少自己的思想主动，缺少自己修改文章的习惯，因此提高写作水平也就很困难了。

三、阅读与写作教学的分离

九年义务教育中开设语文课程，是为了让学生得到怎样的知识、学习怎样的技能、养成怎样的习惯呢？叶圣陶先生给出了最简单的说法，他说一个人学习应该把阅读和写作结合起来，对一个人来说，阅读是"纯收入"，通过阅读，我们可以从别人那里获得很多间接的生活体验，与人感同身受；而写作是"支出"，是分享，将自己的人生体验和思考分享给其他人，而人与人之间最重要的事情莫过于心意的相通和经验的相传，因此阅读和写作于人是非常重要的事情。而阅读和写作两个项目的知识与习惯的积累和培养是语文教育的专责，别的课程是不负责传授和培训的，这就是说语文的阅读和写作是唯一的服务于其他学科的文字基础知识课程。因此每位语文教师都应该清楚地认识到，为了让学生能够更好地提起对阅读和写作的兴趣，提高写作能力和水平，就应该在平时培养学生良好的阅读和写作习惯。不过部分教师将语文阅读和写作当作是不太相关的两件教学目标，而部分教师虽然十分重视写作的培训和指导，但他们认为，学生的写作能力不行就是语文能力不好的表现。书店也经常有教导学生怎样写好作文的书。但是，语文教学并不仅仅是看学生的写作程度的，写作全靠指导标准也是不能达成的。

语文阅读的基础打得不牢靠，相应的写作水平也就不会有所提高。写作是基于阅读的，两者之间是一衣带水的关系，阅读是写作的基石，从阅读中能够为写作提供丰富的营养；写作是阅读的延伸，是知识积累到一定程度的反映。总而言之，阅读是写作的基础，学生阅读是吸收，是揣摩文意、构架、表达方式，等等，而写作就是表达，笔下的文章是否合乎情理通顺达意，是一定与学生阅读吸收的知识有着相当紧密的联系的。

第四节　体验式教学下初中语文课堂读写结合实施策略

一、激情吟诵法

《义务教育语文课程标准》（2022年版）指出，每个人的阅读体验都是不同的，没有两个人的阅读体验是完全相同的，因此用教师分析来代替学生阅读的做法是不可取的。学生要发展语言能力必然离不开阅读这一重要手段，多读是感悟的基本方法。只有在诵读时富有感情，才能将自己独特的生活体验带进去分析文本，感悟文本。可见激情吟诵在语文教学中的重要性。

（一）"诵读"的定义

诵读就是指朗读和背诵。朗读是指把书面语言转化为响亮而富有激情的口头语言。背诵是指凭借记忆和联想流畅地念出文章，是在理解的基础达到熟读成诵。诵读只是一个过程，是学生为自己储备知识和素材，而学生需要具备一定的写作能力，才知道诵读的材料怎么运用到自己的写作里。诵读就是一种把无声的书面语言化为有声的口头语言的艺术再创造活动。美学家朱光潜说过，艺术家往往是通过音调和节奏来表达其内心的思想情趣，听众要体会和感受这种情趣，就要通过自己翻译这种音调和节奏获得情感的共鸣才能达到。由此可见，有声的诵读能促进读者对文本的理解。

激情诵读法中的"诵"和"读"虽然都是读，但是也略有不同。诵是在读的基础上才能够完成的，学生诵读的材料的选择和积累就显得尤为重要了。材料的选择一定要是优美经典段落，而不是教师随意指定，增加学生的学习负担。两者都是语文课堂教学中的重要一环，语文教材中所选文章文体不一样，采取的阅读方式就会不一样。一般的文章就采用读，而对于教材中所选的较短的文言文和古诗词都可以选用吟诵的方式。而激情诵读法已经不仅仅是"诵"和"读"的简单要求，更要从语气、神态、停顿等方面去要求。

（二）激情吟诵法在体验式阅读课堂教学的具体实施

语文课堂的主体是由学生和教师组成的，诵读当然也包括教师范读和学生自读。

首先是教师的示范朗读。第一，教师比学生的生活阅历丰富，在示范朗读时对于文章把握可以更到位，学生在仔细倾听教师范读时，也会充分调动所有感官系统去倾听、观察、体悟，对文章会有一个最初的体会；第二，教师备一堂课会花费很多时间和精力，而学生在学校面对繁重的课业，留给语文预习的时间是微乎其微的，更不要说去把文章诵读几遍了，在这样的情况下就需要教师将课堂有限时间抓住，教师范读中的抑扬顿挫可以让学生仔细体会文章中的精彩片段；第三，教师的范读要有层次感和目的性。教师的课堂范读只是作示范，并不能替代学生去掌控课堂，所以教师范读在一堂课上只会有一两次，更多的是学生去读。学生自然不是停留在模仿读的层面上，而是要将情融入每一次的诵读中。

其次是学生的朗读，教师范读并不能代替学生自己的体验和历练，所以学生自己的朗读也必不可少。教师应该做好以下几方面：第一，在阅读教学课堂上，教师要有序有目的地组织学生诵读，在读之前提醒学生一定要做到的是将自己的诵读状态调整到最佳，保证感情的充沛，学生先要学习读得正确流利，这是激情诵读法的第一个层次；第二，追求声情并茂，读出语气，读出形象，读出文采，体悟作品内在的意蕴；第三，以上两个层次都做好之后，可以进行最后层次，可以称作读有所悟或者是读有所获，这个时候教师可以根据文本设置写的环节，这个"写"，可以采取多种方式，仿写、感悟，等等都可以，让学生去落实。教师应该清楚认识到学生诵读和对文章的感悟理解是相辅相成的，两者不可分离。

从语文课堂教学现状来分析，存在两种较为普遍的现象：一种是将课文放在了语文早读课去读，上课基本不读或者只对重点段落进行朗读；另一种情况是，随着新课改的不断深入，教师上课方式也发生了巨大的转变，就诵读的方式来说，让学生上课诵读时带着问题去读，而问题设置难易程度也是随着读的遍数不断加深。第二种课堂教学方法显然比第一种有了明显进步。但是每一遍读课文时问题该怎么设置？需要完成的教学目标有哪些？每一遍读课文教师应该为下一个问题的创设作哪些铺垫？如果遇到较长课文又该怎么处理？诵读几遍更为合适呢？阅读教学始终是为课堂服务，为学生个体有所感悟服务的，所以要根据学习情况制定相应的教学方案，课堂上重视读，但是也不能让读占据整个课堂。

（三）激情诵读法与写作相结合

在语文教学课堂上学生要充分调动各种感官系统。学生将文本读了很多遍，自然可以写出感受。老师在讲授诗歌的时候可以运用这样的教学方法，比如在学习曹操《观沧海》的时候，教师就可以设置问题，把课堂完全交给学生，让学生一遍一遍地读。第一遍读诗中的景物，让学生写出来；第二遍，给景物加前缀，什么样的景物；第三遍，读诗人的情感，写下来；第四遍，将所写的串联起来；第五遍，先读诗，再读自己所写的，润色自己所写。这样一篇文章就可以出来了。但是写自然不是这么肤浅，这时候教师再去点拨诗中写景的特色，一定结合文本，"观"字引出全文。诗人看到了"水何澹澹，山岛竦峙"，是望海初得的大致印象，有点像绘画的轮廓。接下来，"树木丛生，百草丰茂。秋风萧瑟，洪波涌起"，前两句具体写的竦峙山岛虽然已到秋风萧瑟、草木摇落的季节，但岛上树木繁茂，百草丰美，给人诗意盎然之感；后二句则是对"水何澹澹"一句的进一层描写，定神细看，在秋风萧瑟中的海面竟是洪波巨浪，汹涌起伏。诗人在秋天的典型环境中写了秋景，这时候，让学生感受诗人是怎么写景，又是怎么表达出自己博大胸怀的。学生通过一遍又一遍地读，一方面读出来了景，另一方面读出来了情，这就是新课改的要求体现。

第一遍：海水、山岛、水、树木、百草、秋风、洪波，还有诗人想象的大海吞吐日月的景色。

第二遍：宽阔浩荡的水，高高耸立在海边的碣石山，丛生的树木，丰茂的百草，汹涌的波涛。

第三遍：表达了曹操心存远大抱负和志向，立志建立一番大事业的雄心壮志！

第四遍：东行登上碣石山，来观赏大海。海水多么宽阔浩荡，碣石山高高耸立在海边。碣石山上树木丛生，各种草长得很繁茂。秋风飒飒，海上涌起巨大的波涛。日月的运行，好像是从这浩渺的海洋中生发的。银河星光灿烂，好像是从这浩渺的海洋中产生出来的。真是幸运极了，用歌唱来表达自己的豪情壮志吧。

第五遍：学生自己润色，这里就不作展示。教师需要明确一点，读与写的结合中的"写"，并不是狭隘的写作，而是一切有利于写的能力培养的写。

诵读法运用于写作中，还有一个方面就是可以让学生放声去读，找出自己不认识的字、语法上的错误，文章语句是否通顺，教师给学生提供修改的思路，学生默读往往发现不出这些问题，只有激情诵读才能发现这些问题，有助于学生写作能力的提高。

二、创设情境景法

情境式教学法是指教师通过多样化的形式，包括图片、实物、学生自编对话或多媒体等手段向学生作示范，对信息量大、抽象、不易理解的知识加以转换，使教学内容变得新颖有趣，学生就会轻松愉快地进入到想讲、学讲、会讲的境界中，配以生动活泼的画面来帮助学生理解和吸收。

（一）在导课时用生动的语言去创设情境

导课是一堂课给学生的第一印象感知。语言是思想的载体，如果导课时用生动的导课语言去创设与课本有关的情境，读写的课堂将会达到事半功倍的教学效果。教师导课时创造情境，娓娓道来的语言使学生可以很快安静下来以最佳状态进入语文阅读学习过程中。以人教版七年级下册第三单元第三课《台阶》为例，教师的导课语言可以这样设计，让学生融入课文情境中："我想和同学们一起分享一首诗——'都说风／能让石头吹裂／都说雨／能将钢铁锈蚀／都说岁月／能把你的脊梁压弯／惟有你的意志／百折不挠／千磨不变／挑起全家老小／一生的重量.'。这是一首赞美父亲的诗，诠释了父亲任劳任怨的一生。有人说，人生是一级一级的台阶，许多人希望在台阶上找到自己的人生高度，父亲是不是也如此。让我们踏上李森祥的小说《台阶》，走近父亲，看父亲是怎样构建自己的人生高度的。"在这样的诗歌情境中，既可以激发起学生的兴趣，又有利于学生深入体会作者的情感表达。

　　教师导课导得生动与否，直接关系着这一堂课学生的心理期待。导课选择的材料都是教师精心设计的，所以从写作层面来讲，这些都可以当作学生的写作素材。学生总是抱怨自己没有时间看书，学业繁重，部分学生读书也只是浅浅地阅读，似懂非懂，用到自己的作文里面也不合适。在理解基础上进行运用，会起到锦上添花的作用。从写作的结构来说，让学生明白在写作的时候有一个好的开头是多么重要，学生会在开头精心设计，因为有了对美文的感悟，无论引用还是经过改编的素材，让读者也会有所期待。所以导语的设计容易让学生联系自己的生活体验，也能让学生从写作情感和技巧上有所突破。

　　（二）用音乐辅助教学创设情境

　　在语文阅读课堂教学中教师要充分调动学生的各种感官，新课程标准要求："语文课堂不是教师的一言堂，学生作为主体不是只带着耳朵来听，而是通过更有穿透力的方式唤起学生心灵共鸣。"教师借助音乐形象解读文本的语言文字，抓重点词句感受课文描绘的美好意境，触发学生的情感体验进行诵读训练，针对不同类型的课文，选择与基调相宜的音乐进行配乐朗读，能收到良好的效果。所以，学生朗诵时选的是无歌词的曲子，在学生阅读文章时，与文章基调相符合的音乐伴奏也可以选取。如人教版九年级上册《乡愁》，学生在朗读的时候就可以配上有浅浅哀愁的思乡的伴奏。还有音乐的另一种形式就是歌曲，比如学习七年级下册《黄河颂》时，老师就可以播放《黄河大合唱》的曲目；七年级下册《土地的誓言》，可以用《松花江上》这首歌曲，学生会把爱国情感——个人体验——融入其中。音乐和写作都是人类心灵的倾诉，音乐可以抚慰人的心灵，让人的内心得到宁静，音乐也可以给想象插上一双翅膀，使学生翱翔在写作情境中。写作是一个创作的过程，周围的繁杂纷扰将会影响学生的创作，据研究表明，音乐可以激发学生的创作灵感，调动情感。贝多芬的《命运交响曲》会使人感到悲壮的力量和与命运抗争搏斗的勇气；《黄河颂》则让人感受到了对黄河的赞扬；听《二泉映月》，让人倍感人生的辛酸和身世的凄凉。音乐渲染各种各样的情境，音乐带给人的内心震撼是非常强烈的，给人以听觉的享受，往往令人心驰神往。

三、创设问题法

随着新课改的深入，问题教学法在语文教学过程中运用得越来越广泛。在21世纪对人才新的要求下，学生问题意识的培养就显得尤为重要。体验式教学下，学生在阅读文本之前，需要结合自己的生活经历预设与文本相符合的问题，这是从学生层面的做法；从教师层面来说，教师上课要有问题意识。这样学生就会带着求知和个人对生活的体验，进行阅读、解读。预设问题法契合新课改的精神，真正把课堂还给学生，充分调动学生学习的积极性。

例如：人教版七年级上册第三单元第一课《从百草园到三味书屋》的第一课时，笔者总结出两个探究问题。第一个是："在作者与百草园的故事中，百草园为什么吸引着我？"这个问题既梳理这一部分的内容，又让学生调动自己小时候接触小动物的体验去讲述自己的故事，学生明白了文本第一段最后一句这个"乐"字。这时候文本已经不是干瘪的文字，仿佛都活了起来。第二个问题是："美女蛇用了哪一种写作顺序，为什么要写这个故事呢？"这是从阅读中学会分析文本的能力。以人教版教材七年级下册第一单元为例，整个单元阅读的主题都是"名人风采"，所以文本的选择上都是著名人物的非凡气质，而这一个单元写作主题是"写出人物的精神"，教师在设计阅读文本的时候，用学生对阅读问题的期待，顺势将写作目标告诉学生。历史的星空，因有众多杰出人物而光辉灿烂。他们中有叱咤风云的政治家，有决胜千里的军事家，有博学睿智的科学家，还有为人类奉献宝贵精神食粮的文学艺术家……阅读本单元的课文，能让我们感受到他们的非凡气质，唤起我们对理想的憧憬与追求。本单元学习精读，要在通览全篇、了解大意的基础上，把握关键语句或段落，字斟句酌，揣摩品味其含义和表达的妙处。还要注意结合人物生平及其所处的年代，透过细节描写，把握人物特征，理解人物的思想感情。

我们知道写人有一些常见的方法，如外貌描写、语言描写、动作描写等。通过这些描写，可以穷形尽相，尽显人物之形；还可以以形写神，使人物之神跃然纸上。如何通过人物的外体特点，写出其内在精神呢？首先，可以抓住典型细节来表现人物的精神风貌。一个人的内在品质和精神追求往往在细节处得以彰显。如《说和做——记闻一多先生言行片段》中，闻一多先生钻研学问时专注认真、锲而不舍的精神就是通过他头发凌乱、书桌上"众物腾怨"等细节来表现的。其次，可以借助一些写作手法来加以突出、强调。如对比、衬托、正面描写与侧面描写相结合等，都可以起到揭示和突显人物精神的作用。如《邓稼先》一文，将邓稼先与美国"原子弹之父"奥本海默进行对比，鲜明地表现了邓稼先忠厚朴实的气质和毫无私心、甘心奉献的品格。另外，还可以借助一些抒情、议论的句子，对人物的精神品质进行画龙点睛式的概况。

四、知人论事法

《义务教育语文课程标准》（2022年版）要求淡化文学常识的讲解，但是不讲作者、不讲背景，学生体会不到在特定情况下作者的思想感情。阅读课堂教学怎么运用知人论世的方法去讲才能唤起学生情感的共鸣？这是教师应该思考的问题。作为一名语文教师，无论是青年教师还是有过一轮或者几轮教学经验的老师，心中必须有三年语文教学观，自己一定要清楚三年的课文里面哪些作家是必须要讲的，哪些文章时代背景是必须要提及的。

纵观人教版初中三年的语文教材，我们可以看到人教版选用鲁迅的文章有7篇之多，分别是《从百草园到三味书屋》《社戏》《阿长与〈山海经〉》《藤野先生》《故乡》《中国人失掉自信力了吗》《孔乙己》。在初中，学生第一次接触到鲁迅《从百草园到三味书屋》这篇文章，很多老师在质疑讲这篇文章介绍作者，觉得跟鲁迅匕首般的文字相差很远，但是有的老师却花费一节课的时间对鲁迅进行详细介绍。我们暂且不去讨论哪一种方法更适合课堂教学，但这两种做法都有其合理之处。

作为一名教师，这些时代背景讲到情感的时候可以运用，但不能把教参带到课堂上去照着念，学生可以理解到百草园的"乐"，但是很多同学觉得三味书屋生活太过乏味，这时候老师就可以将上述背景告诉大家，这种回忆也充满成长的乐趣。这样的讲解就让学生学会在塑造人物形象的时候，在写人物传记的时候，运用插叙的手法加上所描写人物的生平，而不是强加在文章开头和结尾，使文章生硬，让受众读起来索然无味。虽然在阅读教学过程中原来的文本并没有渗透到写作中，但却打开了学生的思维。教师在课堂上精心地设计，抓住教育的契机，而不是死板地教书，学生明白了写作中将自己的情感体验融入进去。

五、生活体验法

新课标指出，新课改就是改变过去课程过难、过繁、过偏、过旧的局面，克服偏重于书本知识的弊端，将更多的学生生活和社会科技发展内容与课本结合起来，注重学生学习兴趣的培养和过程学习体验，在掌握一定的基础知识和技能的基础上，让学生在阅读文本、分析文本的时候融入个体的生活体验，这样学生写的过程中也能够唤醒自己内心写作的冲动。语文课本中美丽的自然风光、神奇探险之旅、成长的烦恼，每一个主题都可以与学生个人生活体验相结合，加深学生对文本的理解，将阅读延伸到生活中去。

比如人教版七年级下册第十九课《外国诗二首》中的《假如生活欺骗了

你》，在开始上课之前，教师就可以让同学们结合自己的生活体验谈谈"自己在生活中有没有被生活所欺骗的事情"，经过讨论之后，学生发言特别积极，因为学生在现实生活中遇到了这样的问题，有类似的生活体验，学生有话可说，有言可发。有的讲述了"被朋友背叛"，有的讲述了"自己很努力，不明白为什么老师不表扬自己"，有的学生思维更加开阔，讲到了自己"去旅游景点遭到了强买强卖"。教师对每一位学生进行点评，再深一步追问：你学会了什么？阅读课堂教学的问题设置与生活体验紧密结合，教师这时可以顺势引导：生活欺骗了我们，普希金告诉我们应该怎么做呢？学生怎么处理生活的欺骗与诗人教的可能有差别，也可能不谋而合。有了第一个问题的开始，学生现身说法，就能对诗歌的最后一句有所解读，"而那过去了的，就将会成为亲切的怀恋"，有了第一个结合生活的问题，再谈课文主旨所有的都水到渠成了，因为都是建立在学生的生活体验和经历之上。而这种生活化的阅读教学更可以促进生活化的写作。这节课的结尾我布置了一道仿写训练，题目是"假如你欺骗了生活"，这道题在 PPT 展示出来的时候，学生都跃跃欲试，想一展身手，不难看出这节课对学生有很大的启发，这也是生活化教学的魅力所在。从习作中可以看到，学生结合生活体验写得很真实，读起来感觉暖暖的，学生们的真善美、生活中的情感，都成了精灵般的文字。这也正好印证了叶圣陶先生所著的《写作教学》一书中的一句话："作文是生活的一部分。"

六、体验实践法

初中语文教材所选的文章，内容涉及各个方面。以人教版为例，每一册语文书都分为六个单元，而每一个单元都有相应的主题，有的关于成长，有的是对祖国大好河山的热爱，有的关于探险，有的关于写景。人教版七年级上册第一单元所选的三篇文章都是写景的，朱自清的《春》、老舍的《济南的冬天》、刘湛秋的《雨的四季》。这个单元导语是这样写的：日月经天，江河行地，春风夏雨，秋霜冬雪，大自然生生不息，四时景物美不胜收。本单元课文以优美的语言，描绘了多姿多彩的四季美景，抒发了亲近自然、热爱生活的情怀——"这是我们需要达到的情感目标"。当然，阅读这些文本应该达到某些能力的目标，导语作出了提示："学习本单元，要重视朗读课文，想象文中描绘的情景，领悟景物之美；把握好重音和停连，感受汉语声韵之美。还要注意揣摩和品味语言，体会比喻和拟人等修辞手法的表达效果。"每一位同学都经历过四季，但是很多同学觉得这实在是太平常了，没有去感受过大自然神奇的魅力。朱自清的《春》这篇文章是在七年级上册，按照课时要求，在十月份教师会上这一节课，带学生体验春，这是不现实的。但是我们一样可以让学生走进自然，感受到季节的魅力，那就是感受"秋"，让学生感受反差。学生去了附近湿地公园，他们看到了"秋天的萧瑟"，这时候教师就让学生席地而坐，一起背诵《春》。教师抓住学生现场的体验，引导学生理解"为什么开篇连用两个盼望着，盼望着"，学生这时候就能很快体会出来作者感受到秋的萧瑟、冬的寒冷，觉得春天到来充满了希望。这是学生通过体验得出来的，而不是教师告诉学生的结论。还有，文章中写到的春花、春草，都可以让学生阅读原文，并与眼前的景物作对比，在这种视觉强烈对比体验的冲击下，学生对文章的感情可以把握地更到位。

接下来教师就可以回归文本，让学生体会作者是怎么期盼春天的？新课改的要求，是把情感目标放到第一位，而不再是学生的能力目标，所以教师可以告诉学生在写作的时候先奠定自己的情感也就是所谓的文章基调，你就知道自己该用什么样的比喻句，是色彩亮丽的还是色彩暗淡的，修辞可以生动形象地将你这种情感表达出来。把握住了情感，再让学生继续阅读文本，根据体验找出自己喜欢的片段，从多种角度进行分析，而不是强行地要求学生学什么。这样阅读课堂教学既融入了学生自我的体验，又可以让学生进行真情实感的写作训练。

阅读和写作的结合能训练人的思维，让学生变得更加睿智。写作时有创意的表达又是多么有趣的事情。希望语文教师从小培养学生热爱生活，热爱写作，上好阅读写作课。希望学生们"每天积累一点点，三年语文灿年华。"经过初中三年的广泛阅读，学生们一定能写出内容充实、文从字顺的真情实感的好文章。

附录1　阅读与写作教学课例
《言外之意文隽永——象征手法的赏析与运用》教学设计

【单元分析】

《白杨礼赞》是部编版教材八年级上册第四单元的第15课。第四单元和第二单元的文体都是散文，但第二单元是回忆性散文，重在人物形象刻画的学习。第四单元将叙事、写景、议论等不同类型的散文集中在一个单元，旨在呈现不同类型散文的特点，既将学生已有的散文学习经验化、理性化，又开拓了学生散文学习的视野。

【课文分析】

《白杨礼赞》是典型的托物言志散文，文章篇幅不长，却起伏跌宕，撼动人心。作者描写白杨树"绝无旁枝""片片向上"等形象特点，将其与北方农民、北方抗战军民及抗战军民的"精神和意志"建立起联系，层层深入地揭示出白杨树的象征意义。设计活动重在学生象征写作手法的学习及运用。

【课标要求】

（1）欣赏文学作品，有自己的情感体验，初步领悟作品的内涵，从中获得对自然、社会、人生的有益启示。对作品中感人的情境和形象，能说出自己的体验；品味作品中富于表现力的语言。

（2）能够区分写实作品与虚构作品，了解诗歌、散文、小说等文学样式。

【教材分析】

《白杨礼赞》是一篇托物言志的散文，写于1941年。在此之前，作者茅盾在新疆工作过一个时期，之后到延安讲学。当时，抗日战争正处于相持阶段，他亲眼目睹了北方军民在共产党的领导下同心同德、团结抗战的情形，从解放区的人民身上看到了民族解放的前途和希望，深受鼓舞，写下了这篇热情洋溢的散文。文章借赞美"西北极普通的"白杨树，讴歌了西北军民团结抗战的伟大精神和意志。

全文的写作思路是：先写白杨树生长的自然环境，情感由"单调"转向对白杨树"傲然"耸立的惊叹；再写白杨树的形貌，突出其高大、挺直和丫枝聚拢的特点；接着写白杨树的"精神品格"，点明其象征意义；最后将白杨树与"贵族化的楠木"对比，以"高声赞美白杨树"收束全文。

本文是一篇教读课文，教学就要围绕单元人文、语文要素："散文的多样性""反复品味、欣赏语言，体会、理解对生活的感受和思考，并了解不同类型的散文"。

【学情分析】

学生虽然对课文的理解会有一定难度，如时代背景、象征手法等，但初二学生和初一相比，思维能力有了提高，应该能顺利完成课文的赏析。

【教学目标】

赏析白杨树形象，学习象征手法，并能学以致用。

【学习重点、难点】

体会白杨树的象征意义，学习象征手法，并能学以致用。

【教学方法】

1.教师：情境法、诵读法。

2.学生：批注法、圈点勾画法、诵读法、小组合作法、仿写法。

【教学过程】

一、情境导入

1. 课前播放歌唱家阎维文歌曲——《小白杨》

思考：这首歌表达了作者怎样的思想感情？这首歌除了歌唱小白杨外，还歌颂了谁？

这首歌除了歌唱小白杨外，还歌颂了具有小白杨精神的边防军人。他们保家卫国，站岗放哨。这种表现手法叫托物言志。

2. 诗词中也有许多托物言志的佳句。

（屏显）

千磨万击还坚劲，任尔东西南北风。

墙角数枝梅，凌寒独自开。

大雪压青松，青松挺且直。

这些诗句字面上写的是"竹""梅""松"，而言外之意它也象征了人的某种品行。今天我们就以茅盾先生的《白杨礼赞》为例，一起赏析象征的艺术手法，这种言外之音可以使文章变得含蓄隽永，回味无穷。

（板书课题、作者。）

（设计意图 这个环节先设置情境，"微电影""古诗词"等，激发学生的学习兴趣，增强学生的"文化自信"。）

二、明确目标

请大家明确本节课的学习目标：

（屏显）

学习目标：

1. 朗读课文，感受白杨之美。

2. 品味语言，体悟象征之妙。

怎样实现目标呢？我们需完成三项任务。

（设计意图　这个环节是让学生明确本节课的学习目标，便于后面的学习有的放矢。）

三、任务驱动

任务一：析环境

活动1：当时的社会背景是怎样的呢？请同学们观看视频。

活动2：请同学们自由朗读课文第二自然段，找出表现西北黄土高原的特点和给人感受的词语，并在旁边作批注。

提示：

1. 黄土高原的特点用"□"标注，给人感受的词语用"○"标注。

2. 批注方法请参考示例。

示例：

"扑"与"奔驰"，这两个词化静为动，前后照应，写出了迎面而来的情景，形象而准确。静态的黄土高原"扑"入视野，这是乘车者的实感，准确表现了"奔驰"的汽车速度之快。

（设计意图　这个环节重在引导学生了解作者的写作背景和白杨树的生长环境，通过让学生作批注，感受黄土高原的特点以及给人的感受，为下文白杨树精神的学习作铺垫。）

任务二：赏佳树

活动3：请同学们看课文的第五自然段，听老师配乐朗诵，然后圈点勾画，完成下面表格。

方面	特征	精神
干		
枝		
叶		
皮		

（设计意图 这个环节老师配乐朗诵，让学生感受散文语言的优美，学生圈点勾画，完成表格，让学生理解白杨树的外部形态和内在气质的不平凡。为下文象征手法的学习作铺垫。）

任务三：品气质

茅盾先生曾说："自然是伟大的，人类是伟大的，然而充满了崇高精神的人类的活动，乃是伟大中尤其伟大者。"这篇课文表面写的是白杨树，实际写的是什么呢？对，北方的农民、守卫他们家乡的哨兵、用血写出新中国历史的那种精神和意志！（板书）

> （屏显）
>
> **什么是象征？**
>
> **这种借某一具体事物来表达另一种事物或精神的写作手法叫象征。**

活动4：请同学们齐读课文第七自然段，小组合作研讨作者通过哪些语句怎样层层深入地揭示白杨树的象征意义，从中品味象征手法的特点及作用。

（时间：5分钟）

由景到树到人，作者是怎么统一起来的呢？对，景、树、人都不平凡（板书），这是文章的抒情线索，有同学说从一、四、六、八、九段可以看出。

活动5：我们再来看文章的题目《白杨礼赞》，什么是"礼"呢？

> （屏显）
>
> **礼，履也。所以事神致福也。——许慎《说文解字》**
>
> **本义：用来敬神致福的仪式。**

请同学们跟老师学习古代礼的仪式，并谈谈有什么感受。

活动6：茅盾先生写了《白杨礼赞》后，现代画家沈逸千根据文章画了一幅《白杨图》，并邀请茅盾先生题诗。茅盾先生的原稿和修改稿哪个更好呢？为什么？

活动7：读写结合，一课一得。今天咱们重点学习了象征的写作手法，来个小练笔吧！

（屏显）

小练笔：选取你熟悉的某个事物，赋予它一定的象征意义，来歌颂一些人的精神品质，写一篇150字左右的片段。

提示：

1. 认真观察所选事物，细致描写其外形特征。

2. 找出所写事物的内在气质、精神品质。

3. 挖掘出事物的象征意义。

示例：

蜡烛在燃烧，烛泪一滴一滴地落下来，像一颗颗珍珠，晶莹圆润。望着持续燃烧的蜡烛，看着跳动的橘色火焰，我感到蜡烛的生命正在照亮别人中一点一点消逝。"春蚕到死丝方尽，蜡炬成灰泪始干"，蜡烛的一生是奉献的一生，它不求回报，无怨无悔。我想到了我们的老师，他们就具有蜡烛精神，用自己有限的人生，照亮了学生前进的道路，他们都是值得尊敬的人。

梅花、荷花、蜜蜂、竹子（图片）

评分标准

项目	要求	分值	得分
事物描写	观察细致，抓住特征	5分	
事物精神	提取准确，精炼	3分	
由此及彼	两者形神兼备	2分	

（设计意图：这个环节是本节课的重难点所在，所以活动最多，用时也最多。先让学生齐读感受，然后小组研讨白杨树的象征意义，并从中学习象征手法的特点及作用。在此基础上理清文章的抒情线索及写作思路。再引导学生回到题目，理解作者礼赞白杨树的原因。让学生比较《白杨图》题诗的原稿和修改稿哪个更好，从中明白作者的爱国之心。通过小练笔，一课一得，读写结合，让学生学有所获。）

四、盘点收获

（屏显）

象征歌诀

象征手法物先行，

作者借物来抒情。

从物入手写特征，

由物及人写品行。

五、推荐阅读

（屏显）

推荐阅读艾青的《我爱这土地》和舒婷的《致橡树》理解其象征意义。

（设计意图 这个环节重在升华拓展，让学生深入理解象征手法，引发到中国经典诗歌，让学生传承、发扬，再次回到"文化自信"，首尾呼应。）

（设计意图 板书的设计抓住专题片拍摄的三点：环境——黄土高原、主体——白杨树、主题——北方军民，象征的写作手法及相似点——不平凡，茅盾先生和北方军民的一颗爱国心来进行，既有文字，又有图案，尽量美观。）

本课例是疫情"停课不停学"时期，在市区教研员指导下，作为市公共教育平台的优秀课例。

【教学反思】

本文选取课本教材《白杨礼赞》，丛书文章《我爱这土地》《致橡树》，通过重点赏析白杨树的"不平凡"，从而引导学生理解象征手法，并学以致用，赏析选文的景物描写及其象征意义。注重朗读的指导、手法的学习、读写的结合。

在"读出白杨树的不平凡"这一环节，要求过多过高且比较笼统，如"准确、全面""独到、深刻"，不利于学生把握，学生讨论时间可以更长些。"手法的学习"环节，应对象征手法的具体运用再进行细致的指导。前两个环节可以再紧凑一点，最后写作环节留更充足的时间，让更多的学生展示，写得更投入，或许会交流得更酣畅淋漓。

【教学实录】

师：请同学们欣赏歌曲《小白杨》，思考：这首歌曲表达了作者怎样的思想感情？歌曲除了歌唱小白杨外，还歌颂了什么？

生："小白杨，它长我也长，同我一起守边防。"歌唱家阎维文老师用歌声唱出了对白杨的赞美，也唱出了对边防军人的高度赞扬。

师：这首歌除了歌唱小白杨外，还歌颂了具有小白杨精神的边防军人。他们保家卫国，站岗放哨。这种表现手法叫托物言志。诗词中也有许多托物言志的佳句。

生1：有写竹子的"千磨万击还坚劲，任尔东西南北风"；

生2：有写梅影的"墙角数枝梅，凌寒独自开"；

生3：有写松骨的"大雪压青松，青松挺且直"。

师：这些诗句字面上是写的竹、梅、松，而言外之意象征了人的某种品行。今天我们就以茅盾先生的《白杨礼赞》为例，一起赏析象征的艺术手法，这种言外之意可以使文章变得含蓄隽永，回味无穷。我们来明确一下本节阅读课的学习目标，开启文学之旅吧。

生：读朗读课文，感受白杨之美；品味语言，体悟象征之妙。

师：请同学们快速浏览文章，作者为何要礼赞白杨树？找出直接赞美白杨树的语句。

生：文章开篇即说"白杨树实在是不平凡的，我赞美白杨树！"第四段："那就是白杨树，西北极普通的一种树，然而实在是不平凡的一种树！"第六段："这就是白杨树，西北极普通的一种树，然而决不是平凡的一种树！"第八段："白杨不是平凡的树。……我赞美白杨树。"第九段："我要高声赞美白杨树！"

师：请抓住关键词，其中"不平凡"一词反复出现，它是作者抒发赞美的基础，也是结构文章的线索。请同学们阅读剩下的段落，思考：白杨树的不平凡表现在哪些方面呢？

师：文章要赞美白杨树，作者却放下白杨树不写，写了哪里的景象？

生：第二段写了黄土高原的景象。

师：它和白杨树又有怎样的关系呢？

生：这是交代了它的生长环境。

师：到了第五段作者具体描写了它的哪个方面？

生：外部形态。

师：第七段作者又描写了它的哪个方面呢？

生：内在气质。

师：黄土高原有怎样的特点？这对表现白杨树又有什么作用呢？它是什么颜色？多大范围？质地如何？请同学们在文中圈点勾画关键词。

生：它的自然景象关键词有三个："黄绿错综"是它的颜色，"坦荡如砥"是它的质地，"无边无垠"是它的范围。文章通过高原的辽阔坦荡、气象雄伟、色彩分明，突出其环境优美。

师：写黄土高原的目的有两个：首先交代了白杨树的生长环境，衬托它坚强不屈的品格和傲然挺立的形象，还暗写了陕甘宁边区抗日根据地，为后文解释象征意义表达主题作好了铺垫。

师：那它的外部形态又是怎样的呢？请同学们阅读一下第五段。

生齐读：那是力争上游的一种树，笔直的干，笔直的枝。它的干通常是丈把高，像加过人工似的，一丈以内绝无旁枝。它所有的丫枝一律向上，而且紧紧靠拢，也像加过人工似的，成为一束，绝不旁逸斜出；它的宽大的叶子也是片片向上，几乎没有斜生的，更不用说倒垂了；它的皮光滑而有银色的晕圈，微微泛出淡青色。这是虽在北方风雪的压迫下，却保持着倔强挺立的一种树！哪怕只有碗那样粗细，它却努力向上发展，高到丈许，两丈，参天耸立，不折不挠，对抗着西北风。

师：白杨树外部形态的不平凡体现在哪些方面呢？

生：它有笔直的干、笔直的枝。

师：干有什么特点？

生1：所有丫枝一律向上，而且紧紧靠拢。

生2：还有光滑的皮和银色的晕圈。

师：通过它的外形描写你又会产生怎样的联想呢？

生1：由笔直的干，我会联想到人的正直。

生2：由丫枝紧紧靠拢，我联想到人的团结。

生3：由叶子片片向上，我会想到人的积极向上。

生4：由皮的光泽，我会想到旺盛的生命力。

师：作者由形及神赋予了它人的品格。它有怎样的性格？

生：作者连用了八个褒义词，"伟岸，正直，朴质，严肃，也不缺乏温和，更不用提它的坚强不屈与挺拔，它是树中的伟丈夫"。

师：在此基础上，作者赋予了白杨树一定的象征意义，这白杨树象征什么呢？

生：北方的农民、守卫家乡的哨兵和用血写出新中国历史的那种精神和意志。

师：为什么会想到北方的农民？

生：由它的朴质、严肃、坚强不屈想到了北方的农民。

师：为什么会想到守卫家乡的哨兵？

生：由白杨树的坚强不屈和傲然挺立想到了守卫家乡的哨兵。

师：为什么会想到那种精神和意志？

生：由白杨树的靠紧团结和力求上进，想到了用血写出新中国历史的这种精神和意志。

师：作者表面上是在写树，而实际上是运用象征的手法在写人。那什么是象征呢？

生：借用某种具体的形象的事物暗示特定的人物或事理，以表达真挚的感情和深刻的寓意，这种以物征事的艺术表现手法叫象征。

师：值得注意的是，这种象征体和本体之间要有一定的相似性，就像老师画的这一片杨树叶，由白杨树的朴质严肃，想到了北方的农民；由白杨树的傲然挺立，又联想到了守卫家乡的哨兵；由靠紧团结、力求上进，又联想到了用血写出新中国历史的那种精神和意志。总而言之，都是抗日军民的高贵品质。由此可以看出，作者借赞美白杨树，歌颂的是北方的抗日军民。

生：那他为什么不直接赞美北方的抗日军民呢？

师：文章写得含蓄隽永，这与他当时的写作背景有关。因为当时作者生活在国民党统治区，没有言论自由，不能直接抒情。因此，他使用了象征的艺术手法，热情地歌颂了抗日根据地的军民，歌颂了中华民族英勇不屈的斗争精神。

生：象征和比喻它们两者之间又有什么异同点呢？

师：象征是一种表现手法或写作方法，是就整篇文章而言的，而比喻它是一种修辞手法，它只表现在具体的句子上，不在篇章上。

生：但是象征和比喻两者都追求相似性，只不过象征追求的是"神似"，而比喻追求的是"形似"。

师：象征中的本体和象征体之间这种相似点，才使抽象的思想意义概念形象化、具体化。我们再来举两个例子：高尔基的散文《海燕》中，作者由海燕在暴风雨来临之前它们在大海上飞翔的雄姿，表现了乐观的激情和胜利的信心。由此，作者联想到无产阶级革命者的英勇无畏。

师：艾青是土地的歌者，"土地"是他诗歌中出现最多的两个意象之一，土地象征着生他养他而又多灾多难的祖国，对土地的热爱是艾青作品咏唱不尽的旋律。我们以《我爱这土地》为例，思考这些物象分别象征了什么？

生1："这被暴风雨所打击着的土地"，这是正在遭受日寇欺凌的国土的写照。

生2："永远汹涌着我们悲愤的河流"，土地上的河流象征着长期郁结在人们心中的悲愤江河一般汹涌奔流。

生3："无止息地吹刮着的激怒的风"，土地上空刮着的风象征了人民心中对侵略者暴行的愤怒。

生4："来自林间的无比温柔的黎明"预示着人民为之奋斗献身的独立自由的曙光必将降临于这片土地。

师：一起来总结一下吧。

生：（齐读）抓特征，绘其形；挖内涵，传其神；注己情，言己志。

师：也就是说，运用象征的时候首先要描写它的外部形态，然后再挖掘它的内在精神，由表及里，借物抒情，托物言志。

师：其实生活中具有这种象征意义的事物随处可见，就像这凌寒傲放的梅花、出淤泥而不染的莲花、辛勤采花酿蜜的蜜蜂、宁折不弯的竹子、默默燃烧的蜡烛，等等。试选取你熟悉的某个事物，赋予它一定的象征意义，完成一次片段写作。可以仿写，也可以自由创作。

师：我们首先来看一下梅花。梅花有什么象征意义呢？

生1：它有勇于拼搏、不畏艰险的精神。王安石在《梅花》中写道"墙角数枝梅，凌寒独自开"，这既是歌颂了梅花不畏严寒，独自开放，更是鼓励人们要敢于拼搏，不畏艰险，不管经历了怎样的磨难或欺凌都要顶天立地，不要低头折节，无声无息地立于人世间，做到浓淡适中。

生2：它还有坚韧不拔、自强不息的精神。我们中国花卉无数，但无不是盛开在那万紫千红的春天，或是在那阳光明媚的夏天，秋季开的花也是寥寥无几，却单单是这梅花却盛开在严寒的冬季，耐得住冬季的苦寒与寂寥，越是寒冷，它开得越是娇艳美丽。

生3：当春天来临，它又舍生取义，化作春泥更护花，来年又是花满枝，真正做到了自强不息。

师：莲又有什么象征意义呢？

生1：它有高洁的品质。莲花枝干笔直，它微微的花香和高高昂起的花朵，都代表了它的骄傲。它是从满是淤泥的池塘里长出来的，枝干和花朵却没有一丝污垢，这正代表了它高洁的品质，启示我们虽然不能选择我们的出身，我们依然可以主宰自己的命运。

生2：它还象征着清廉。清廉的官就像这莲花"出淤泥而不染，濯清涟而不妖"，所以我们古时候在看望清官的时候，时常会带一株青莲，以表示尊敬。

生3：它也象征着神圣。莲花是佛门众菩萨的坐台。佛门是清修的地方，容不得有半点的杂念。莲花是佛门的圣花，所以它就有了神圣的含义。

师：蜜蜂有什么象征意义呢？

生1：它是勤劳和无私奉献的代名词。"采得百花成蜜后，为谁辛苦为谁甜""终日酿蜜身辛劳，甜蜜人间世人效"这些赞美的诗句更是尽人皆知。

师：竹子呢？

生1：它四季常青，象征着青春永驻，生命顽强。

生2：竹子空心，它代表着虚怀若谷的品格。

生3：竹子宁折不弯，象征着柔中有刚的做人原则。

生4：竹生而有节，竹节必露，也象征着气节。古人常以"玉可碎而不改其白，竹可焚而不毁其节"来比喻人的气节。

生5：苏轼曾经说过，"宁可食无肉，不可居无竹。无肉令人瘦，无竹令人俗"，这是对它超凡脱俗、清新高雅的高度评价。

生6：清代著名画家、书法家郑板桥在《竹石》中这样写道："咬定青山不放松，立根原在破岩中。千磨万击还坚劲，任尔东西南北风"这些诗句着力表现了竹子那顽强而又执着的品质。

师：蜡烛呢？

生1：它照亮了别人，燃烧了自己，它有自我牺牲的精神。

生2：一般歌颂教师经典的诗句有"春蚕到死丝方尽，蜡炬成灰泪始干"，也有歌颂母亲或其他无私奉献的人。

师：你选取了哪种熟悉的事物呢？又赋予了它怎样的象征意义？

生：我仿写了一篇《梅花礼赞》。梅花实在是不平凡的，我赞美梅花。它没有牡丹那般富贵，没有玫瑰那般娇艳，也许你要说它不美，但是它高洁，坚韧。当你在一片萧条的旷野中走过，看见这么一株"万白之中一点红"的梅花，难道你就觉得它只是花？难道你不想到它的朴质，坚韧，至少也象征了不惧危难的消防战士的勇敢与坚强？难道你竟一点儿也不联想到为了百姓的安宁、民族的复兴，战斗在一线救死扶伤、迎难而上的白衣天使们的勇敢担当？难道你又不更远一点想到，这样凌寒绽放，凌雪笑傲的梅花宛然象征了疫情肆虐时义无反顾奔赴战场，用生命谱写一曲曲壮烈赞歌的那些逆行者们的勇敢无畏？梅花是不平凡的，我赞美它，就是因为它的高洁素雅、坚韧不拔。

师：大家是否觉得读来竟有"茅盾第二"的感觉？从模仿到创作，这是文学创作的一般规律。从阅读到写作，以写促读，能够提高读写的整体水平。我们可以将片段模仿进行到底。大家课下把你所写的片段扩展成500字以上的文章写在作文本上，要求题目自拟，书写规范。

师：我们这节课的文学之旅马上就要接近尾声了，盘点一下我们的收获吧。

生：我们通过阅读一篇优秀的散文，赏析了象征的艺术手法。

师：再来巩固提高一下吧。

生：（齐读）象征手法物先行，作者借物来抒情。从物入手写特征，由物及人写品行。

师：同学们在写作中，如果能够恰当地使用象征的艺术手法，就会使你的文章变成一幅无形的画，一首读不尽的诗，含蓄隽永，回味无穷。

师：课下推荐大家阅读艾青的《我爱这土地》和舒婷的《致橡树》，理解其象征意义。通过我们这节阅读课的学习，希望热爱文学的种子在同学们这片沃土上生根发芽，茁壮成长。你们在追寻文学梦的旅途中，一定要广泛阅读，勤于写作，以梦为马，不负韶华。同学们再见！

【编者点评】

本节体现了读写融合的阶段性价值。

文学鉴赏内容包含两个层面："形式"及"内容"。形式指的是文学作品的"语言之美"，内容指的是"形象和情感之美"。从文学鉴赏教学流程来看，不同阶段的读写融合具有不同的价值。

1.鉴赏之初，借"写"探测学情。"写"有利于教师了解学情。因为"写"，学生原本难以觉察的赏析"黑箱"便得以明晰化，教师可以借此了解学生赏析过程中存在的多种问题，进而有针对性地加以指导。作为教师，则需要请学生把自己的真实状态呈现出来。此时，读写融合便可以真实呈现学生鉴赏阅读的"原生态"，从而便于教师确定教学目标、内容，并设计合宜的方案。

2. 鉴赏中途，以"知"引"写"，以"写"促"读"。鉴赏中的"写"，需具备"知识含量"，需用知识指导学生鉴赏，引领学生走进文本深处。

作者指出现在常见的现象。通常，阅读鉴赏教学活动中教师一般有三招：（1）要求学生"画出最有感触的字词句"；（2）读一读这些词语句子，体会其中的情感；（3）要求学生"结合自己的生活体验说出（写出）你由此联想到了什么"。作者认为上述教学最要命之处就在于知识不足。从"画出最有感触的字词句"到"体会情感"再到"说出（写出）联想到了什么"，它们之间，是需要知识作为桥梁的。如果只让学生写，而没有知识引导，便是让学生凭借自身经验"暗中摸索"；学生虽然写了，但始终停留于原来的水平。

3. 鉴赏完成，以"写"展示评价"读"。鉴赏教学的成果，也需要通过"写"予以固化、深化，需要通过"写"评判学生对作品鉴赏的程度，评判学生鉴赏水平的高下；而学生所呈现出的鉴赏成果，又可作为重要的学习资源供同学之间交流、分享。感受型读写结合，主要是文学写作以及杂感、随笔中偏重感性描述的部分。具体形式有很多：意象描述、续写、扩写、仿写、改写……这类"写"侧重于文学鉴赏过程中的体验与感受，聚焦语言表达的特有韵味，偏重于对作品中"情"的体味、"美"的赏鉴，旨在促进学生对文本的深度体验。理解型读写结合，通常有评点批注、研究论文以及文学评论等形式，侧重从理性层面运用分析、归纳、推理、判断等思维方式对作品作深度分析。通过"写"将学生鉴赏过程中比较朦胧、不容易言传的感受与体验细化、深化、条理化、学理化，使学生的鉴赏水平由感性体验上升到理性把握的层次。

本堂课以王国维先生的"以我观物，故物皆着我之色彩"为纲，以白杨树的"不平凡"为领，运用默读、朗读方式学习文本，朗读环节通过个人读、小组读、齐读、分工读等方式，书声琅琅，精彩纷呈。学生在朗读中感受到了白杨树的不平凡，感受、理解并学会运用象征手法。

选文主题非常明确，紧扣语言训练点，歌曲导入别具匠心。老师的板书非常遒劲有力，特别有艺术美、气韵美。选择象征手法为最佳切入点，从注重引导学生通过具体语句朗读并体会象征手法的妙处，领悟象征的意义。

学生充分阅读、海量阅读，体现了语文主题学习的阅读新理念。以读促写，学以致用，读写结合，学生参与度高，预设和生成浑然天成。实物文竹更是一大亮点。教师循循善诱，巧妙引导。教师基本素质高，课堂驾驭能力强，是一节非常不错的语文主题学习"1+X"课型。

附录2　写作教学课例

《写人要抓住特点——笔下传神个性显》教学设计

【教学设想】

《义务教育语文课程标准》（2022年版）指出，七至九年级的写作目标之一就是让学生能够多角度地观察生活，发现生活的丰富多彩，捕捉事物的特征，力求有创意地表达。本课题教学就是为了实现这一目标。打开课本读经典，跟着名家学写作。打通课文和教材中写作训练的隔阂，通过阅读作家名作，学习借鉴名家特色的写人手法，从而深入了解名家作品的写作目的以及作者背后的情感。

【教材分析】

"写人要抓住特点"是七年级下册第三单元写作的训练内容，要求学生掌握并且能够运用抓住人物特点来写人物的方法。七年级重点培养学生的写作兴趣和良好的写作习惯，在此基础上初步培养写人记事的能力。七年级上册第三单元的写作要求是"写人要抓住特点"，这一单元的写作目的是要指导学生如何抓住人物的特点来写人，从而突出人物的性格特点。教材主要从"学会细心观察""展开具体描写""在具体事件中把人写活"三方面进行指导，并配以三个"写作实践"，梯度清晰，便于学习掌握。

【学情分析】

七年级的学生，具备了较好的写作基础。结合七年级学生好动、好奇、喜欢展现自己的特点，采用生动的教学方法和学生积极主动参与的学习方式，去激发学生学习的兴趣，本次训练目标就能顺利完成。七年级学生的写作主要以写人叙事的记叙文为主，他们对人物描写方法的知识都能掌握，但是缺少对人物、生活细致的观察，如何运用动作、神态、心理等进行细节刻画，表现人物的特点，还需要大力的训练和提高。因此，引导学生对人物进行细致地观察，学习人物描写的方法尤为重要。

【素养目标】

1. 文化自信：通过学习"写人要抓住特点"培养学生热爱国家通用语言文字，热爱中华文化，激发学生学习写作的兴趣。

2. 语言运用：通过学习例文，丰富知识储备，感受语言文字的丰富内涵，对国家通用语言文字具有深厚感情。

3. 思维能力：学会观察人物特点，养成善于观察、善于发现的好习惯，培育学生独立思考的能力。

4. 审美创造：培养学生用语言文字表现美、创造美的能力，学习选取典型事例，从不同角度表现人物性格特征的写法。

【教学重点】

1. 掌握抓住人物特点来写人物的方法。

2. 掌握描写人物的方法及要求。

【教学难点】

培养学生细致观察、用心感受、生动描绘的能力。

【教学方法】

"先学后教，当堂训练"，小组合作，讨论点拨。

【教学过程】

一、聊聊新闻明特点

课前，老师给大家看一个通缉令。A城发生了一起黄金大劫案，警方根据目击证人证词第一时间发布了通缉令——悬赏十万捉拿此人：个子不高也不矮，身材不胖也不瘦，脸色不黑也不白，眼睛不大也不小，鼻子不低也不高，嘴巴不宽也不窄。

1.在如此巨额的悬赏金之下，A 城居民积极响应，纷纷向警方举报，举报信每天像雪花片似的朝警局飘来，警官们不堪其扰。为什么会有这么多人都符合通缉令上的描述呢？

引导明确：因为通缉令上的描述没有抓住罪犯的特点。

2.什么是特点？

明确：人或事物所具有的特别或特殊之处。

（设计意图　从生活情境导入，拉近与学生距离，激发学生的学习兴趣，明确了学会记人的基本要点要交代清楚个性特征。）

二、跟着画家学观察

要想捕捉人物的特点，首先要学会观察。请同学们观察下面的肖像漫画，猜猜他是谁？我们把它和人物照片对比一下，看看画家抓住了人物哪些方面的特征？

1.成龙的肖像漫画

容貌：大鼻子，小眼睛。

服饰：经常一副唐装打扮。

神情：爱笑。

2.鲁迅先生的肖像漫画

容貌：头发一根一根针一样笔直着；胡子很浓密，好像浓墨写的隶体"一"字。

服饰：经常一身长衫打扮。

神情：显得很严肃。

过渡：老舍认为，描写人物最难的地方是使人物能立得起来。那么作家是如何透过文字，使读者能看到他们的外貌和动作，听到他们的声音，感受到他们的内心情感的呢？

三、跟着课文学写作

（一）外貌描写

（1）《一面》

他的面孔黄里带白，瘦得教人担心，好像大病新愈的人，但是精神很好，没有一点颓唐的样子。头发约莫一寸长，显然好久没剪了，却一根一根精神抖擞地直竖着。胡须很打眼，好像浓墨写的隶体"一"字。

问题：见到的是谁？外貌特征？精神气质？

引导明确：绘其貌，传精神。

（2）《故乡》

他头上是一顶破毡帽，身上只一件极薄的棉衣，浑身瑟索着；手里提着一个纸包和一支长烟管，那手也不是我所记得的红活圆实的手，却又粗又笨而且开裂，像是松树皮了。

问题：修辞手法？

引导明确：用修辞，显特征。

（二）语言描写

（1）《阿长与〈山海经〉》

"哥儿，有画儿的'三哼经'，我给你买来了！"

问题：为什么长妈妈把《山海经》说成了"三哼经"呢？

引导明确：听其声，明身份。

（2）《金色花》

"你到哪里去了，你这坏孩子？"

"我不告诉你，妈妈。"

问题：妈妈为什么说他是"坏孩子"？

引导明确：展性格，表情感。

（三）动作描写

《我的老师》

蔡老师从来不打骂我们。仅仅有一次，她的教鞭好像要落下来，我用石板一迎，教鞭轻轻地敲在石板边上，大伙笑了，她也笑了。我用儿童的狡猾的眼光察觉，她爱我们，并没有存心要打的意思。

问题：系列的动词？

引导明确：观其行，显性情。

（设计意图　跟着课本学写作，课本就是最好的例子，不脱离课本，不脱离学生学情，从课文中学会记人的方法，体会在记人中运用修辞，凸显特征。）

四、牛刀小试猜一猜

（1）从班里选择你熟悉的一个同学，找出这个人物的特点，根据下列表格完成片段练习。用200字左右给他"画"一幅肖像。

表1　人物速写支架

人物对象	
主要特征	
选择内容（打"√"）	外貌（　）　语言（　）　动作（　）　其他（　）
方法提示	①简笔勾勒；②运用恰当的修辞；③局部特征放大。主要特征包括气质、品格、个性等。

提示：

1. 抓特点。要仔细观察，这个同学最突出的特点是什么：是他的相貌、衣着、声音，还是脾气性格？他的习惯性动作是什么？他有没有口头禅呢？

2. 细描绘。可以适当地运用夸张将人物特点凸显出来，巧用语言修辞。

（2）**写作评价与修改**

在不透露姓名的情况下，展示部分肖像描写片段，请其他同学猜描写的对象。讨论描写是否抓住了人物的特征，与选择的人物特征是否吻合，并提出修改意见。根据讨论交流后的意见和建议，修改肖像描写的片段。

（设计意图 学会方法，学以致用，如何做到具体生动地来凸显个性，赏析学生习作，指导、评价及修改。）

五、破解难题能闯关

警方在三个写作锦囊的协助下，通缉令修改成功：20岁左右，穿着一身纯白色的礼服，右眼佩单片眼镜，背后的披风可以变为滑翔翼，藏蓝色的眼眸就好像能看透一切，嘴角习惯性上扬，露出无所畏惧的笑容。常能在森严的警备下突破重围，悠然地在夜空中展翅慢慢消失。

大家猜猜他是谁?

明确：他就是来无影去无踪的怪盗——基德。

六、扩段成篇试一试

将你所写的片段扩展成一篇以写人为主的记叙文。题目自拟，不少于500字。

提示：

1. 注意补充一些能体现这个同学个性的事例，在事中写人。

2. 安排好叙事的详略。做到重点突出，概括叙述与具体叙述相结合。

讨论交流，学生分享。

（设计意图 当堂运用所学会的记人方法，完成一个写作片段，实现特征目标。让学生观察生活中的细节，从细节中感受外在特征展现的精神风貌，流淌成文字。）

【板书设计】

笔下传神个性显

写人要抓住特点

绘其貌，传精神

听其声，凸性情

观其行，显情感

【教学反思】

本课例是作为2023年山东省"互联网＋教师专业发展"远程研修工作坊主持人在烟台莱州实验中学上的一节观摩课。本节写作指导课历经教研员宋怀斌老师、丰月明等专家二磨三研，通过教材群文阅读引导学生学会捕捉人物特点，并按照一定的写作顺序，放大细节突出人物个性来促进写作理念的落实，实现学生语文素养的成长。

"写人要抓住特点"是七年级上册第三单元的写作训练，是对前两次作文教学的进一步细化。第一单元是激起学生写作欲望——"热爱生活，热爱写作"，第二单元是"学会记事"，可以明显看出初一作文指导的曲线，从整体把握到细节勾勒再到突出人物个性，层层推进，有条不紊。

我确定了这样的中心任务：A城发生了一起黄金大劫案，警方根据目击证人证词，第一时间写下了通缉令，悬赏十万捉拿此人：个子不高也不矮，身材不胖也不瘦，脸色不黑也不白，眼睛不大也不小，鼻子不低也不高，嘴巴不宽也不窄。在如此巨额的悬赏金之下，A城居民积极响应，纷纷向警方举报，举报信每天像雪花片似的朝警局飘来，警官们不堪其扰。希望同学们学有所得，学会"写人要抓住特点"，协助警方解疑答惑。

教学目标确定为以下几点：

1. 学会观察，捕捉特点

2. 运用描写，刻画人物

3. 选取典型，凸显个性

经过磨课发现了一些问题：

1. 教学目标表述不规范。教学目标应是四位一体：学生（行为主体）＋行为动词＋行为条件＋表现程度。当然，在具体表述中可以灵活一些，不一定死抠这种句式，但要力求明确、具体、可测、可评。首先，行为主体要明确。目标的表述必须从学生的角度出发，表述行为结果的典型特征，行为的主体必须是学生，而不能以教师为目标的行为主体。这与原先"教学大纲"的表述方式是不同的，以往我们习惯采用的"使学生……""提高学生……""培养学生……"等方式都是不符合表述要求的。尽管有时行为主体"学生"两字没有出现，但也必须是隐含着的。其次，行为动词可评价。为了便于教学后的评价，行为动词就应该避免运用一些笼统、模糊的术语。如果使用"提高……""灵活运用……""培养学生……的精神态度""了解""掌握"等行为动词，缺乏质和量的具体规定性，评价就无法开展。因此目标应该用以表述学生形成的可观察、可测量的具体行为，如知道、说出、写出、认出、记住、说明、猜测、作图、解释、区分、辨别，等等。

2. 教学评价一致性理念不突出。《义务教育语文课程标准》（2022年版）指出，"应重视增值评价，关注学生个体的进步幅度，避免过度评价、无序评价对日常学习造成干扰，避免用评价结果的简单比较衡量学生的学业表现"。因此，在教学实践中有效落实评价量规的使用显得尤为重要。

评价量规的设计聚焦不只是一个结果，它联系学生的起点，关注学生的学习过程。它除了具有"评价"功能之外，也具有"诊断""激励"和"改进"等功能。因此，在小练笔"同伴速写"环节中，选择一个熟悉的同学，先仔细观察，然后抓住对方的主要特征，包括气质、品格、个性等，进行简笔勾勒，并尝试运用恰当的修辞，放大局部特征。课堂上给学生提供写作支架（见表1），通过创设任务型情境，引导学生在独立思考、积极发言、主动倾听、有效合作等语文实践活动中进行师生、生生、生本等多角度的思维碰撞，从而提升学生思维品质，促进学生口头和书面表达能力的提升。

在评选"同伴速写"环节中，请同学们范读片段，评选"最佳速写"。给学生提供评价量规等级：人物特征描写是否突出，让人一看就能猜出写的是谁；是否选取了最能体现人物性格的典型事件；外貌、语言、动作、神态等细节描写是否准确、精炼，描写是否生动、幽默等。教师基于学生的认知规律和心理特点，以学生为主体，指导学生进行"习作→修改→互评→评评（评价评语）→再修改"的多次信息反馈，建构的自主、开放、有意义的习作评改过程，旨在培养学生养成主动修改并乐于与他人交换评改习作的良好习惯，促进学生相互交流、分享，共同提高书面和口头表达能力。

叶圣陶先生说过，"自能读书，不待老师讲，自能作文，不待老师改。老师之训练，必做到此二点，乃为教学之成功。"运用"学习过程综合评价表"（见表2），引导学生开展自我评价和相互评价。发挥多元评价主体的积极作用，不仅可以促使学生在口头表达、书面表达等方面得到进步，也可以促进学生实践能力和思维品质的发展与提升。

表2　人物速写评价量规

等级	写作内容评价
A 级标准	1. 能鲜明地突出人物的个性特点 2. 能运用多种描写方法突出人物形象 3. 能抓住典型细节展现人物风貌
B 级标准	1. 能够写出人物的个性特点 2. 能运用描写方法写人物 3. 能运用细节写人物
C 级标准	1. 人物个性特点和精神品质模糊 2. 对人物的描写不足 3. 细节不具体

什么样的课堂易于被学生接受和喜欢呢？我认为，应该是让学生获得发展的课堂。这里的"发展"指的不仅仅是学得知识、习得能力、获得方法，更是生长智慧；指的不仅仅是知识层面的收获，更是精神层面内心的愉悦、

成长层面思维的发展；指的不仅仅是学生情感、态度、价值观的变化，更是学生享受课堂上这一次的学习旅程。核心素养是标尺，丈量着教学的深度。只有用理念撬动思想改变，才能真正实现课堂上的行为实效。我个人也需读书为常、涵养能力。道阻且长，行之将至；行而不辍，未来可期。

【教学实录】

同学们早上好！俗话说，"有缘千里来相会"，见到同学们真开心！早就听说莱州实验中学是一所知名中学，以同学们卓越的综合素养而远近闻名。在这场双向奔赴的语文盛会上，希望同学们积极思考，踊跃发言，展现属于你们的精彩，为岁月留下一份美好的回忆！

一、聊聊新闻明特点

师：上课之前，老师先给大家带来了一则通缉令，A城发生了一起黄金大劫案，警方根据目击证人证词，第一时间写下了通缉令，找同学来读一下。

（屏显）

悬赏十万捉拿此人：个子不高也不矮，身材不胖也不瘦，脸色不黑也不白，眼睛不大也不小，鼻子不低也不高，嘴巴不宽也不窄。

师：同学们猜一猜，根据这种提示，警方能不能迅速找到这个罪犯呢？

生：不能。

师：为什么呢？

生：因为这个通缉令上描述的是许多人的共性，没有突出罪犯的特点。

师：正如大家所料，在如此巨额的悬赏金之下，A城居民积极响应，纷纷向警方举报，举报信每天像雪花片似的朝警局飘来，警官们不堪其扰。这一节课，老师要送给大家三个写人要抓住特点的锦囊，希望同学们学有所得，协助警方解疑答惑。那什么是人的"特点"呢？

生：他的特征，他的独特之处。

二、赏析漫画学观察

师：要想捕捉人物的特点，首先要学会观察。请同学们观察下面的肖像漫画，猜猜他是谁？

（屏显）

成龙的肖像漫画

生：成龙。

师：大家看到他都笑了。肖像漫画是以夸张的形式突出了人物的外貌特征。我们把漫画和人物照片对比一下，看看画家抓住了人物哪些方面的特征？

生：鼻子很大。

师：这位同学抓住了人物的五官。

生：眼睛比较小，笑起来就眯成了一条缝。

师：大家抓住了他的容貌。还有吗？

生：他的发型，他的头发较长，柔顺，飘逸。

生：他喜欢穿着白色的衣服，唐装打扮。

师：这是他的衣着。

生：他喜欢笑，亲切和善的样子。

师：这是他的神情。

（屏显）

鲁迅先生的肖像漫画

师：那我们看看这个人是谁呀？

生：鲁迅。

师：我们把漫画和人物照片对比一下，看看画家抓住了先生的什么突出特点，让大家一眼就能够猜得出来呢？

生：他的胡子很密，耳朵大，眼睛小，但是他的目光却很深邃。

生：神情很严肃。

师：使人联想到他"横眉冷对千夫指"的形象。在他平凡的外表下，深藏着最热烈的火焰和最真挚的爱。这火焰喷向敌人，这爱洒向青年。

三、跟着课文学写作

师：老舍认为，描写人物最难的地方是使人物能立得起来。那么作家是如何透过文字，使读者能看到他们的外貌和动作，听到他们的声音，感受到他们的内心情感的呢？我们一起来跟着作家学写作。大家猜一猜，作者这一面见到的是谁呢？

（一）外貌描写

> （屏显）
>
> 他的面孔黄里带白，瘦得教人担心，好像大病新愈的人，但是精神很好，没有一点颓唐的样子。头发约莫一寸长，显然好久没剪了，却一根一根精神抖擞地直竖着。胡须很打眼，好像浓墨写的隶体"一"字。——阿累《一面》

生：鲁迅先生。

师：你怎么猜到的？作者抓住了他哪些方面的特征？

生：这段描写抓住了鲁迅先生的外貌特点，"瘦"，"直竖"的头发，"一"字须，和照片中、漫画中的鲁迅先生何其吻合啊！

师：作者描写先生的外貌是讲究顺序的，先从"大处着眼"，后从"小处落笔"，先写整体后写局部，整体外形特点？

生：瘦。

师：一个"瘦"字逼真地写出了他工作繁忙、没有时间休息而劳累过度。

鲁迅成名后被赞"天才",他回应:哪里有天才?我是把别人喝咖啡的时间都用在了工作上。可见,鲁迅先生真的是夜以继日地工作。那么局部写到了他的什么方面?

生:胡须和头发。

师:先写头发再写胡须,又是按照怎样的顺序?

生:从上到下的写作顺序。

师:不仅如此,作者还通过外貌描写突出了人物的什么精神气质?

生:脸色差,瘦得教人担心,但是精神很好,竖着的头发也"精神抖擞","一"字须像是用"浓墨"写的。

师:作者描摹人物外貌特征,都指向"精神很好",突出了鲁迅先生的精神气质。那什么是外貌描写呢?大家一起来读一下。

(屏显)

外貌描写是指对人物的容貌、体态、神情、服饰等外貌特征的描写。

师:所以我们写一个人容貌的时候,可以写他的五官。人们常说的"五官",指的就是"眼、耳、鼻、眉、口"五种人体器官。面容体态呢?

生:就有高矮胖瘦。

师:神情呢?

生:他一贯的喜怒哀乐等。

师:服饰就是他穿衣服的风格。如果我们把一个人的外貌只是客观地描述出来,仅仅是做了照相师,还不足以打动人。外貌描写的归宿其实是以貌传神,那么,怎样才能突出人物的精神风貌呢?

生:离不开比喻、夸张等修辞手法的运用。

师:鲁迅先生他是写人的高手,在他的小说《故乡》中塑造了一个贫苦的农民的形象。我找同学来读一读。

（屏显）

他头上是一顶破毡帽，身上只一件极薄的棉衣，浑身瑟索着；手里提着一个纸包和一支长烟管，那手也不是我所记得的红活圆实的手，却又粗又笨而且开裂，像是松树皮了。——鲁迅《故乡》

师：作者运用了怎样的修辞手法进行外貌描写？

生：运用了比喻的修辞手法。

生：把他又粗又笨而且开裂的手比作了开裂的松树皮，生动形象地表现了闰土的操劳与艰辛。

师：除了写他的容貌之外，还写了他的——

生：衣着。

师：岁月在他的衣着和容貌上，都留下了沧桑，反映出中年闰土极度贫困的境况，刻画了一个饱经风霜的农民形象。

师：修辞手法表达效果生动形象，突出人物特点，使人物形象更加丰满。

师：这是老师要送给大家的第一个锦囊——写人抓特点，可以对其进行外貌描写——善于观察找不同，放大细节显特征。（板书：绘其貌）

（二）语言描写

师：除了外貌描写外，生动传神的语言描写也是塑造人物形象的重要手段。鲁迅在散文《阿长与〈山海经〉》中，塑造了一个独特而不平凡的保姆形象。最令人感动的，就是她买《山海经》的语言描写了。

（屏显）

"哥儿，有画儿的'三哼经'，我给你买来了！"——鲁迅《阿长与〈山海经〉》

师：那本书真正的书名叫什么？

生：《山海经》。

师：为什么长妈妈却把它说成了"三哼经"呢？

生：她没读过书，她没有文化。

师：把"山海经"说成"三哼经"，恰如其分地点明阿长的身份和社会地位，说明她不识字。正是不识字、不清楚书名的人，却买来了"我"渴慕已久的书，实在出人意料，也暗示了她买此书定是费尽周折，体现了她对"我"的——

生：关爱。

师：泰戈尔的散文诗《金色花》，在平淡的语言中将母子深情表现得真挚动人。分角色朗读。

（屏显）

"你到哪里去了，你这坏孩子？"

"我不告诉你，妈妈。"——泰戈尔《金色花》

师：妈妈为什么说他是"坏孩子"？

生："我"变成了一朵金色花，与妈妈捉迷藏，让妈妈找了很久，心急如焚，一旦见了"我"，又惊又喜。

师：这种嗔怪，这个"坏"字，其实是贬词褒用，让我们真切地感受到了浓浓的母爱。

师：我想问一下这个孩子，你为妈妈做了这么多好事，为什么不告诉妈妈呢？

生："我"呢，撒起娇来，为自己能给妈妈做了一些好事而高兴，还要对妈妈保密，让她莫名其妙才好呢。

师：这流露出孩子怎样的性格特点？

生：很顽皮，很淘气。

师：这句话不仅体现了孩子的调皮可爱，也体现了他对母亲的爱也是无私的，不图妈妈的夸奖。你们两个的赏析入木三分。

师：成功的语言描写总是鲜明地展示人物的性格，深刻地反映人物的内心世界。我们入情入境地说一说。

> （屏显）
>
> 运动会结束了，李民同学在长跑比赛中勇夺冠军，大家对他表示祝贺！
>
> 他严肃而庄重的爸爸："……"
>
> 他乐观开朗的朋友："……"
>
> 他和蔼可亲的老师："……"
>
> 提示：注意人物身份及性格特征。

师：大家前后四个人分一个小组，每个人认领一个身份，通过语言来表现人物的性格特征，看看哪一组同学表现的最入情入境。

生：儿子啊，这次跑得挺好的，但是不要骄傲。下次继续加油。不要骄傲，继续加油！

师：那乐观开朗的朋友呢？

生：李明，我知道你能行的，这次你得第一名也是在意料之中，下次你还要继续加油呀！

师：和蔼可亲的老师呢？

生：李明，你这一次在比赛中勇夺冠军，和你平常的刻苦练习是分不开的，希望你下一次继续努力。

师：肯定了他平常的努力。

师：谁来给他们组点评？

生：他父亲就是非常的严肃庄重。他儿子得了第一名，抑制住内心的激动鼓励孩子再接再厉。他这个乐观开朗的朋友，祝贺他这一回取得的好成绩，然后再希望他下回取得更好的成绩。他的老师，肯定了他的这个成绩。

师：也就是说他们四个角色的表现，都符合了人物的身份，表现了他们的性格特点。

师：这就是老师要送给大家的第二个锦囊——写人抓特点，我们可以对其进行语言描写，听其声也能够凸显其性情。语言要符合身份性格化、简洁生动去表达。（板书：听其声）

（三）动作描写

师：动作描写也能够塑造人物的形象。魏巍在他的回忆性散文《我的老师》中，回忆了儿时在蔡老师身边发生的几件小事，其中假装生气打人的场面，作者把它分解成了几个细小的动作，极具表现力。

（屏显）

蔡老师从来不打骂我们。仅仅有一次，她的教鞭好像要落下来，我用石板一迎，教鞭轻轻地敲在石板边上，大伙笑了，她也笑了。我用儿童的狡猾的眼光察觉，她爱我们，并没有存心要打的意思。——魏巍《我的老师》

师：你发现了哪些动词？

生：敲。

师：为什么用"敲"而不用"打"？

生：并不是真要打学生，老师只是想要警告一下。"敲"比"打"要轻一点。

师：通过这个动词就表现了蔡老师怎样的形象？

生：蔡老师非常的温柔。

师：那我用石板一"迎"这个动作又表现了儿时"我"怎样的特点？

生：调皮。

师：还有什么动词？

生：大伙笑了，她也笑了。

师："笑"这个词又表现了师生怎样的关系？

生：非常的和睦融洽。

师：这一系列的动词就塑造了蔡老师和孩子们鲜明的性格特点。在进行动作描写的时候，我们可以将大的动作分解成一连串细小的动作，这样极具画面感。我们人的大脑就天生喜欢这种画面感的东西，而非抽象的概念。在细腻的刻画描写中能使人物形象站立起来。

师：大家再积累第三个锦囊——动作描写，推敲个性精挑选，描述动作要连贯（板书：观其行），通过动作描写也能够揭示人物的内心情感。

好，我们盘点三个锦囊。方法归纳，记一记！

（**屏显**）

外貌描写：善于观察找不同，扩大细节显特征。

语言描写：符合身份性格化，简洁生动来表达。

动作描写：推敲个性精挑选，描述动作要连贯。

四、牛刀小试猜一猜

师：我们用以上三个锦囊，开始牛刀小试。

（**屏显**）

从班里选择你熟悉的一个同学，找出他（她）的特点，根据表格完成片段练习。用200字左右给他（她）"画"像。我写你猜。

师：大家首先看一下你选择的人物对象是谁？你想表现他（她）怎样的特征？选择怎样的表现手法？外貌、语言、动作或者是其他？先抓特征，然

后细描绘。请拿起笔来流淌在你的文字之中。

生：戴着一副白色的眼镜，皮肤很白，他像一只小绵羊，性格温和。他笑起来有两个小酒窝，再加上忠诚的辫子，好一个青春靓丽的美少年！他有耐心。他总是和我一起分析难题，给人讲解问题时很细致，那温柔的声音使我愉悦快乐。虽然他的个子很高，看起来和我们并不合群，但下课后他依旧和我们出去玩耍说笑。他的手很长，仿佛一个音乐家。他很可爱。

左脸上有两颗宝石，白色的皮肤衬出黑色的痣，充满青春和活力。他上课回答问题的声音小，甜甜的，但几乎不出错，所以在班级里成绩也不错。我很羡慕他，羡慕他的细心、精益求精，他是一片树叶，我跟着他翩翩起舞。

师：根据我们的写作的评价标准，突出了人物的特点，运用多种描写手法是 A 级，仅仅运用了描写手法是 B 级，对人物描写不足是 C 级。谁来给这位同学点评一下？

生：他的这个写作等级应该是 A 级，他鲜明地突出了人物的个性特点，就是他很温柔，而且很细心。他还运用多种描写方法突出人物的形象，比如运用比喻的描写方法来说出他的性格温和。然后还抓住他的典型特点，说他左脸上有两颗痣，而且手很纤长，皮肤很白。

师：嗯，就是那个痣也显得他很精神。再找同学来分享一下。

生：他鼻梁上戴着一副黑框的眼镜，个子很高，乌黑的短头发，黑色的皮肤，忧郁的眼神，虽然脸上长满了青春痘，但这依然抵挡不住他的阳光。体型比较大，外面是一件羽绒服，里面有一件卫衣，衣着一尘不染，十分整齐，见人总是微笑着说话。他在学习上可谓是十分用功，上课时总是全神贯注，任何事都阻挡不住他奋进的脚步。平时我遇到不会的题，他都会耐心地给我讲解，有这样乐于助人的同学，我真是太幸运了。

师：大家猜猜他是谁啊？请你本人给他的习作点评一下。他抓住了你怎样的特点？他把你放在了事件当中，突出你怎样的性格特点？

生：细心。衣着整齐。

师：那你给他怎样的评价等级？

生：A级。

师：我们再找个同学分享一下。

生：偏中的长发高高地竖起，跑起来像是精灵一般晃动，额间的碎发不安分地向上翘起。双眉像是会说话，高兴时眉微微上挑，生气时眉梢微弯。一双微圆的眼睛掩映着星星点点的笑意，带着何时都不会熄灭的光。小小的鼻子微微上翘，有着几分淡红，被一副看起来笨重的眼镜压住。一个口罩遮住了下半张脸，您可以看出带着婴儿肥的脸带着几分幼稚的美感，声音虽不似黄鹂，但有她独有的清脆。身形被校服显得修长。上课时背挺得笔直，带着几分专注和认真，下课时神情惬意而慵懒，像一只娇贵的猫。手习惯地搭在一个人的肩上，用玩笑的语气说"没有啊"。

师：大家猜猜她是谁？请你给他点评一下。

生：他运用了外貌描写突出了我精神抖擞的特点，然后又描写了我习惯性的动作，表现出我比较喜欢开玩笑的特点。

师：你非常喜欢他哪一处细节描写？

生：我喜欢他写的"像一只娇贵的猫"。

师："娇贵的猫"写出来你怎样的特点？

生：我比较惬意，比较享受生活。

师：是的，优雅的生活。我也非常喜欢两处细节描写。他描写你的神情的时候，选取了两种生活境况，一个是生气的时候，还有一个是高兴的时候。所以这个同学，他放大了人物的外貌特征，而且能够凸显她的内在的精神气质。你给他怎样的评价等级？

生：A级。

五、破解难题能闯关

师：在锦囊的帮助下，警察终于把通缉令修改成功。请大家读一读，看看这一回，你猜到他是谁了吗？

（屏显）

20岁左右，穿着一身纯白色的礼服，右眼佩单片眼镜，背后的披风可以变为滑翔翼，藏蓝色的眼眸就好像能看透一切，嘴角习惯性上扬，露出无所畏惧的笑容。常能在森严的警备下突破重围，悠然地在夜空中展翅慢慢消失。

师：同学们猜猜他是谁？

生：他就是来无影去无踪的怪盗——基德。

师：你怎么猜得这么快啊？

生：修改之后的通缉令抓住了盗窃者特点。

师：大家一下子就把这个难题破解，闯关成功。

师：我们一起来梳理一下这节课的收获。

（屏显）

写人作文并不难，留心观察是源泉。

描写人物抓外貌，突出一点特征显。

人物语言要逼真，动作描写要周全。

选择事例很重要，具体描述一两件。

写作不怕根基浅，勤学苦练能过关。

师：希望同学们养成善于观察、勤于练笔的好习惯，妙笔生花，人物形象更加丰满，笔下传神个性显。

六、扩段成篇试一试

> （屏显）
> 将你所写的片段扩展成一篇以写人为主的记叙文。

提示：1. 注意补充一些能体现这个同学个性的事例，在事中写人。

2. 安排好叙事的详略。做到重点突出，概括叙述与具体叙述相结合。

师：我们留一个课下作业，把你刚才写到的片段扩展成一篇以写人为主的记叙文。值得注意的是，人从来都不是孤立存在的，而是处在一件件事情当中。要把人写活，写成他自己，就要写与他人的交往，写他独特的语言和动作。最后送给大家一句话，语文即生活，学习即成长。

【编者点评】

读与写是统一在"学习"之中的，阅读的过程与写作的过程相似，意义彼此融合。本堂课让阅读参与到写作的理解、解释、评价、创造等阶段中去，以"读"促"写"，"写"也助"读"。通过设计配合阅读进行的写作任务，能促进学生对阅读的内容与表达的深入理解。反复地"读"与适时地"写"是相辅相成的，在来回中穿梭于"读""写"的过程中，学生的理解能力与表达能力都得到了历练和提升。在统编教材的理念下，"写作"可以贯穿"阅读"始终，在"阅读"与"写作"的相互作用下，真正实现读懂文本，读懂自己，并提升自己。

参考文献

[1] 欧雯.小学语文教学读写结合策略探究 [D].上海：上海师范大学，2014
（2）：6-8.

[2] 杨李梅.中学语文读写结合教学研究——以人教版教材课后写作为例
[D].昆明：云南师范大学，2015（3）：11.

[3] 叶圣陶.叶圣陶教育文集第三卷 [M].北京：人民教育出版社，1994：
279.

[4] 叶圣陶.叶圣陶语文教育论集 [M].北京：教育科学出版社.1980：58-
60.

[5] 朱建军.国外读写结合研究的历程与发展 [J].江苏教育：小学教学.2013
（12）：13-14.

[6] 李本友.中美两国读写结合路径建构的比较研究 [J].课程·教材·教法，
2012，32（10）：116-119.

[7] 鲁迅.鲁迅全集第十三卷 [M].北京：人民文学出版社，1991：23.

[8] 刘淼.当代语文教育学 [M].北京：高等教育出版社，2005（2）：3-39.

[9] 郝龙.漫说读书 [J].语文世界：教师之窗，2012，（12）：58.

[10] 曾齐圣.初中语文读写结合系列训练实验 [J].中学语文教学参考，
2001：8-9.

[11] 谢嗣极 . 说明文教学中的"读"与"写"[J]. 教育研究与评论中学教育教学，2015（12）：1-5.

[12] 马素云 . 培养初中生阅读说明文能力初探 [J]. 基础教育，2011（11）：45.

[13] 方武 . 议论文的论题与论点 [J]. 池州师专学报，2002（11）：79-80.

[14] 黄巧明 . 学会运用多种论证方法写好议论文 [J]. 文学教育，2008（6）：82-84.

[15] 单云德 . 语文读写新视角 [M]. 上海：上海三联书店，2015（3）：3-6.

[16] 秦凤珍 . 语文教育 [M]. 杭州：浙江大学出版社，2015（12）：154.

[17] 叶黎明 . 写作教学内容新论 [M]. 上海：上海教育出版社，2012.

[18] 王荣生 . 语文课程与教学内容 [M]. 北京：教育科学出版社，2015.

[19] 温儒敏 . 温儒敏论语文教育 [M]. 北京：北京大学出版社，2010.

[20] 傅登顺 . 用好部编教材，优化"读写结合"教学新策略 [J]. 教育科学论坛，2017（13）.

[21] 袁瑛 . 唇亡齿寒　读写相依——部编版八年级"读写结合"教学探索 [J]. 课外语文，2017（33）.

[22] 崔丽颖 . 写作是一场生命的修行——浅析核心素养背景下基于部编新教材的读写结合 [J]. 基础教育参考，2018（18）.

[23] 王丽娜 . 单元读写结合，助开语用之门——以部编版语文教材为例 [J]. 小学教学研究，2019（21）.

[24] 罗武 . 部编版初中语文读写结合教学策略研究 [J]. 科学咨询（教育科研），2020（3）.

[25] 柯茂莲 . 利用新教材，搭建读写高架桥——初中语文部编版教材读写结合教学例谈 [J]. 教育观察，2020（7）.

[26] 朱建军 . 中学语文课程"读写结合"研究 [D]. 上海：华东师范大学，2010.

[27] 谢菁 . 中学语文"以写促读，读写结合"实践研究 [D]. 上海：华东师范大学，2010.

[28] 程凌竹 . 初中语文读写现状调查及读写结合教学研究 [D]. 锦州：渤海大学，2013.

[29] 孟凡杰 . 高中文言文读写结合教学模式初探 [D]. 福州：福建师范大学，2014.

[30] 陈从建 . 语文"读写结合"教学策略探究——知识分类学的观点 [D]. 福州：福建师范大学，2015.

[31] 张侠忠 . 现代教学论视野下丁有宽"读写结合"教学研究 [D]. 合肥：安徽师范大学，2017.

[32] 王士秀 . "立足课本，读写结合"教学策略研究——基于人教版初中语文课本教学资源析 [D]. 烟台：鲁东大学，2016.

[33] 温萍 . "以读代写，读写结合"的教学实践探究 [D]. 天津：天津师范大学，2016.

[34] 蔡文圆 . 初中语文"读写结合"教学策略研究 [D]. 上海：上海师范大学，2017.

[35] 周玮贤 . 初中语文读写结合教学策略研究 [D]. 苏州：苏州大学，2017.

[36] 王城磊 . 初中语文"读写结合"教学策略研究 [D]. 杭州：杭州师范大学，2018.

[37] 张丽娜 . 初中记叙文读写结合教学研究 [D]. 哈尔滨：哈尔滨师范大学，2018.

[38] 文安安 . 中学语文读写结合教学方法研究——以余映潮的读写结合理论为例 [D]. 武汉：华中师范大学，2018.

[39] 刘娇 . 小学语文读写结合教学的策略研究 [D]. 哈尔滨：哈尔滨师范大学，2019.

[40]杜丽娟.读写结合促进初中学生写作能力研究[D].北京：中央民族大学，2019.

[41]严蓉.新课程背景下高中语文"读写结合"教学策略研究[D].扬州：扬州大学，2019.

[42]董慧."读写结合"理念下"部编本"初中语文教材写作系统使用情况调查研究[D].广州：广州大学，2019.

[43]张丹."部编本"初中阶段作文教学中的问题及策略探究[D].呼和浩特：内蒙古师范大学，2019.

[44]汪文玲.初中语文体验式阅读教学探析[J].科技资讯，2020，18（30）：163-164+167.

[45]梁华.体验式教学法在初中语文阅读教学中的应用探讨[J].才智，2019（10）：153.

[46]吴海燕.运用体验式阅读模式提高初中语文教学质量[J].文学教育（下），2018（01）：185.

[47]徐华.体验式教学在初中语文阅读教学中的应用[J].语文教学通讯·D刊（学术刊），2017（09）：23-24.

[48]裴永伟.谈如何上好初中议论文教学[J].学周刊，2012（42）：42-43.

[49]范彩云.发挥主导作用——调动学生学习议论文的积极性[J].考试周刊，2013（41）.

[50]王耀辛.中学语文以读促写教学模式探索[J].科教文汇，2013（01）：145-146.

[51]黄晓莉.初中生议论文写作常见问题初探[J].教育观察（中下旬刊），2014（16）25-26.

[52]罗邦海.探讨初中语文"以读促写 以写促读"的读写结合教学[J].语文学刊，2014（91-92）.

[53] 郑桂华.“读写结合”写作教学存在的问题与对策[J].新作文,2014(08)
    6-8

[54] 冯俊中.浅谈提高初中学生议论文写作能力的实践与探索[J].学周刊,
    2016(07)90-91.

[55] 邹永钦.初中议论文写作教学研究[D].漳州：闽南师范大学,2017.

[56] 苑航.初中语文教学中读写结合的研究[D].锦州：渤海大学,2017.

[57] 杨馥伊.探究初中语文散文教学与读写结合方法的应用[J].汉字文化,
    2021(24)：110-111.

[58] 张心科.阅读与写作教学中读与写的异同——重新审视“读写结合”[J].
    语文建设,2021(15)：18-23.

[59] 夏冬梅,王长安.“生本教育”理念下中国古代文学“读写结合”教学
    方式探究[J].内江师范学院学报,2021,36(07)：81-84.

[60] 刘丽艳.浅谈“互联网+”教育背景下初中语文阅读和写作教学的有效
    融合[J].中国新通信,2021,23(22)：202-203.

[61] 马仁.初中语文阅读与写作的有机结合教学思考——“以读悟写”[J].
    科技资讯,2020,18(27)：187-189.

[62] 徐海月.初中语文教学中的读写结合方式分析与研究[J].花炮科技与市
    场,2020(02)：174.

[63] 裴慧莹.基于读写结合的初中语文作文教学的构建[J].科学咨询（教育
    科研),2020(07)：252.

[64] 朱瑰丽.初中语文多文本读写结合的教学策略探索[J].才智,2020
    (12)：164.

[65] 杨悦.初中语文记叙文读写结合教学方式探寻[J].华夏教师,2020(09)：
    75-76.